AF450914

EL CAMINO
DE LA FELICIDAD

DANIEL PÉREZ

www.caminodelafelicidad.guiaburros.es

EDITATUM

Primera edición: enero 2020

ISBN: 978-84-18121-09-8
Depósito legal: M-40391-2019

Si después de leer este libro, lo ha considerado como útil e interesante, le agradeceríamos que hiciera sobre él una **reseña honesta en Amazon** y nos enviara un e-mail a **opiniones@ guiaburros.es** para poder, desde la editorial, enviarle **como regalo otro libro de nuestra colección.**

*Si en estas páginas se atisban retazos de sabiduría se debe,
sin duda alguna, al tiempo que pasé aprendiendo de grandes
profesores y maestros como Vidal Martínez, Guillermo Sánchez,
Fernando Parra, Jerónimo Molina, Pedro Villamarzo, Jean Ambrosi,
José María Morales Meseguer, Lanza del Vasto y
Doménico Douady, entre otros.
Mi más profundo agradecimiento a todos ellos y, especialmente,
a mis padres Daniel y Ramona, educadores de calidad.*

*Así mismo siento agradecimiento por todos los vecinos de mi pueblo,
Yeste. Me vieron crecer, alejarme para ampliar mi formación y
regresar de tiempo en tiempo.
Siempre estaré dispuesto para ellos.*

*A Monchi, mi hermana, que siempre sabe permanecer cerca.
A Francisca, Mari Carmen Monzonís y Ami,
aplicadas alumnas en su tiempo y actuales colegas;
sus apuntes, aportaciones y sugerencias han
posibilitado que salgan ahora estas páginas.*

*A Miguel Escrivá,
cuya colaboración ha hecho posible este libro.*

Sobre el autor

 **Daniel Pérez** nació en Yeste (Albacete). Es psicólogo por la Universidad Complutense de Madrid, y jefe de servicio y director de programas en la Comunidad Autónoma de Murcia.

Es autor y profesor de cursos sobre Técnicas de Investigación en Desarrollo Personal, y ejerce como psicoterapeuta individual y de grupos. Es asesor personal de directivos de empresa y formador en máster de Psicología Clínica, así como ponente a nivel nacional e internacional en temas relacionados con el desarrollo humano.

Fue cofundador de la primera comunidad "No-violencia activa" en España junto a Lanza del Vasto, discípulo de Gandhi.

Fue fundador y director del centro de Psicología aplicada "Espacio Humano" de Murcia.

Es autor de *GuíaBurros La vida se graba en el cuerpo*, *GuíaBurros El arte de educar* y *GuíaBurros El camino del éxito* publicados en esta misma editorial.

Índice

Introducción

La mayoría de las personas que acuden a consulta psicológica lo hacen por problemas de carácter afectivo-emocional. En este libro se expone la forma en que se configura y se desarrolla esta dimensión desde las etapas más tempranas de la vida. La configuración del vínculo desde la infancia va a tener consecuencias fundamentales en la forma en que la persona va a establecer sus relaciones. Hay una serie de necesidades básicas en este nivel que se han de tener en cuenta a lo largo de la vida de la persona: recibir y dar afecto, saber cómo posicionarse en cada tipo de relación, evitar la queja y el sentimiento de culpa...

En el modelo que se presenta hay cuatro causas fundamentales del desajuste afectivo que están en la base de la mayoría de los trastornos.

Por último, es necesario conocer el duelo emocional y cómo se elabora a la hora de realizar una correcta evaluación de cada sujeto.

Aspectos a tener en cuenta:

- Conocer la configuración del vínculo en los seres humanos.
- Conocer las necesidades básicas del nivel afectivo.
- Elaborar la queja y la culpa.
- Mostrar las cuatro causas fundamentales del desajuste afectivo.
- Conocer la elaboración del duelo.

Capítulo I

Teoría del apego. El vínculo (*Bowlby*)

Concepto y definición

La **teoría del apego** intenta descubrir y explicar la formación, el desarrollo y la pérdida de los vínculos afectivos durante toda la vida (desde el nacimiento hasta la muerte). Es un modo de concebir la propensión que muestran los seres humanos a establecer sólidos vínculos afectivos con otras personas determinadas y explicar las múltiples formas de trastorno emocional y de alteraciones de personalidad, incluyendo aquí la ansiedad, la ira, la depresión y otros comportamientos emocionales que ocasionan la separación involuntaria y la pérdida de seres queridos.

El punto clave de la tesis es que existe una intensa relación causal entre las experiencias de un individuo con sus progenitores y su posterior capacidad para establecer vínculos afectivos, y que ciertas variaciones de dicha capacidad, que se manifiestan en problemas conyugales y conflictos con los hijos, así como en trastornos de personalidad, pueden atribuirse a determinadas variaciones de los modos de desempeñar los padres sus correspondientes roles.

El comportamiento de apego es concebido como una forma de conducta que consiste en que un individuo consigue o mantiene proximidad con otra persona diferenciada, y preferentemente individual, que es considerada, en general, como más fuerte y/o más sabia. Es especialmente evidente durante la temprana infancia. El comportamiento de apego se considera que es propio de los seres humanos desde la cuna hasta la sepultura. Incluye el llanto, las llamadas de atención (que dan lugar a asistencia o cuidados), el seguimiento y adhesión, así como una intensa protesta si el niño se queda solo o con personas extrañas. Con la edad disminuye la intensidad con la que se manifiesta este comportamiento.

El vínculo que une al niño con su madre, es la denominada conducta de apego. Bowlby establece una serie de generalizaciones en cuanto a las características de la conducta de apego:

— Tiene su propia dinámica (no es sexual ni alimentaria).
— Lleva al establecimiento de vínculos afectivos o apegos en primer lugar con los progenitores y, posteriormente, con otros adultos. Las formas de comportamiento y los vínculos derivados de ellos están presentes y activos durante toda la vida.
— Modificada por sistemas de conducta que se van corrigiendo.
— La meta de la conducta de apego es mantener ciertos grados de proximidad o de comunicación con las figuras de apego.

Desarrollo de la conducta de apego: Fases

- **Infancia:** partimos de la premisa del hecho empírico de que en los doce primeros meses de vida, el niño desarrolla un fuerte vínculo de afecto con una figura materna que, posteriormente, amplía a otras figura adultas del entorno. Pautas como succión, aferramiento, seguimiento, sonrisa y llanto contribuyen a fijar el vínculo de afecto. No afecta tanto el volumen de tiempo como la intensidad de la relación progenitor-hijo para el desarrollo de un apego específico. El patrón de relaciones familiares que se experimenta en la infancia es de crucial importancia para el posterior desarrollo de la personalidad.

- **Adolescencia:** el vínculo afectivo que une al hijo con sus padres comienza a debilitarse. Otros adultos comienzan a revestir para él igual o mayor importancia que las figuras paternas, y el cuadro se completa con la atracción sexual que experimenta por congéneres de su misma edad. En la mayoría de los casos, el vínculo con los padres se mantiene durante la vida adulta y afecta a la conducta de muchas maneras.

- **Madurez:** las figuras de apego, que hasta ahora pertenecían a generaciones anteriores o la propia, se amplían ahora ante la aparición de otras personas (hijos, nietos, sobrinos...).

Necesidades básicas a nivel afectivo

Al igual que en los anteriores niveles de la estructura de la personalidad, es decir, nivel físico y nivel intelectual, en el nivel afectivo hemos de tener en cuenta que todo ser humano necesita sentirse acogido, saber interactuar con otras personas y poder entregarse de manera incondicional en algunas ocasiones. Esto da lugar a que necesitemos todos los seres humanos tener figuras que nos acepten sin necesidad de tener que hacer méritos (nos referimos a sentirnos «hijos de la vida»), así como poder establecer acuerdos con figuras de a la par (relaciones fraternales, encuentros con compañeros, acuerdos con socios e intercambios afectivos). Y por último, y no menos importante, las personas necesitamos entregarnos para experimentar la sensación de bienestar que produce entregar afecto sin esperar a cambio.

Entre las necesidades básicas de este nivel se encuentran:

1. **Filiación (sentirnos hijos de la vida).**

- Contar con referentes que sean capaces de dar en gratuidad (aceptarnos, cuidarnos, valorarnos y orientarnos siendo tal y como somos).

- Actividades que cubren esta necesidad:

  — Acercarse a las figuras de autoridad.

  — Entregarse.

  — Pedir lo que se necesita.

- Ser atractivos (no manifestar solo la petición o la queja, también afecto). A pesar de que se va a recibir en gratuidad, conviene adoptar un comportamiento que facilite el encuentro.

2. **Sentimiento fraternal.**

- Es igualmente necesario poder compartir con iguales (amigos, hermanos, pareja, compañeros de trabajo, etc.).

- Actividades que cubren esta necesidad:

    — Manejar correctamente las distancias y tiempos en las relaciones.

    — Contar con espacios y tiempos grupales y otros estrictamente personales.

    — Respetar, no herir ni quejarse.

    — Utilizar habilidades de relación.

    — No dejarse someter ni intentar someter al otro.

    — Relacionarse mediante elementos externos (proyectos comunes que sean atractivos para ambos).

    — Establecer y cumplir los contratos.

    — No exigir ni verse obligado a dar elementos de tipo parental.

    — Planificar los encuentros.

    — Saber explicar lo que se desea de otros y cómo se desea ser tratado.

    — Aceptar convivir y compartir responsabilidades.

    — Conocer que callar no necesariamente es ceder, puede ser una manera de no contaminar.

—Se puede discrepar con las acciones de la persona pero no con la persona misma.

3. **Sentimiento de entrega.**

- En la vida en sociedad el ser humano se pone en contacto con personas que demandan de él (hijos, educandos, enfermos, etc.). Solo si la persona ha cubierto sus carencias podrá permitirse dar en gratuidad.

- Actividades que cubren esta necesidad:

  —Dar cuando no requerimos recibir a cambio (de aquello en lo que somos excedentes).

  —Respetar y aceptar incondicionalmente al otro.

  —Orientar desde lo evidente, evitando caprichos.

  —Dar paso a otras figuras referenciales si en algo no estamos excedentes.

  —Permitir la independencia llegado el momento.

Como consecuencia de la satisfacción de estas necesidades emerge el encuentro satisfactorio con uno mismo.

Causas y consecuencias en el desajuste afectivo

Al referirnos a desajustes afectivos es importante entender que tienen su origen en las relaciones de la infancia y que dan lugar a determinados comportamientos anómalos o patologías.

Las figuras parentales son las personas en las que recae fundamentalmente la tarea de proporcionar a los hijos acogida y orientación en sus primeros años de vida.

Hay cuatro causas fundamentales que, de manera única o combinadas, están en la base de tales anomalías o desajustes afectivos: **ausencia parental, abandono, rol cruzado, desclasamiento y duelo.**

Ausencia parental

Se considera ausencia parental cuando se trata de menores que se vieron privados de la presencia de sus padres, esencialmente de la madre, bien de forma definitiva o temporal durante los primeros años de vida. Las razones pudieron ser múltiples: muerte de los progenitores, ausencias forzadas por temas laborales o enfermedades e incluso condenas judiciales que obligaron a los padres a permanecer en centros penitenciarios. Todo ello dará lugar a una serie de consecuencias que dificultarán sensiblemente las relaciones.

Consecuencias:

- Escaso o nulo establecimiento de vínculo afectivo.

- No recuerdan haber sido felices en sus años de primera infancia.

- Se relacionan desde lo útil o rentable sin establecer empatías.

- No les importa el sufrimiento ajeno.

- Son personas apáticas (puede haber tendencias psicopáticas).

- Tienen baja autoestima.

- Problemas con las figuras de autoridad.

- Para estas personas nada es suficiente; no hay sentimientos de vínculo.

- No se comprometen de forma habitual.

- Evitan problemas.

- Son personas a las que no les gusta que conozcan su intimidad.

Abandono o dejación de funciones

Comporta una interrupción de la relación con las figuras parentales, aunque de manera especial concierne a la figura materna. Se entiende en este caso que el vínculo se había establecido previamente.

Se entiende asimismo la relación que mantuvieron algunas personas en circunstancias en que los padres, aun estando presentes, no fueron capaces de abordar la tarea educativa de manera adecuada o, en ocasiones, se vieron temporalmente obligados a delegar dicha tarea en otras personas como abuelos, otros familiares, niñeras, centros de acogida o familias de adopción.

Consecuencias:

- Personas que tratan más con acuerdos que con sentimientos.
- Desconfían y piensan que tienen derecho a no fiarse de los demás.
- Siempre creen que tienen razón.
- Son justicieros. Tienen sentimientos de venganza y no perdonan fácilmente.
- No suelen pedir disculpas.
- Aparecen tendencias paranoicas. Tienen sentimientos de víctima.
- Tienen tendencias reiterativas y rumiaciones.
- Hay agresividad, resentimiento, aunque son personas con sentimientos.
- Tienen altibajos emocionales.
- Tendencia a la delincuencia.
- Extremadamente posesivos.
- Cualquier separación se vive como un drama. Dependencia afectiva.
- Someten constantemente a prueba las figuras de autoridad.
- Son exigentes con el cumplimiento, desconfían mucho de una persona que les ha fallado.
- Exigentes con los demás y consigo mismos.

Rol cruzado

Toda persona debe incluir en sí características de acogida y de orientación. Hablamos de cruce de roles cuando la madre ejerce un papel orientador y de autoridad y el padre, en cambio, desempeña uno más acogedor, más «materno».

Para entender el rol cruzado partimos de la creencia social de que un determinado tipo de características pertenecen al hombre y otras a la mujer.

Cuando en la infancia se ha sido educado en tales creencias, se concibe que esas características Yang, o masculinas, las debe tener exclusivamente el padre y que las características Yin, o femeninas, las debe poseer únicamente la madre.

Recordemos:

Características masculinas: orientación, firmeza, consecución de objetivos, riesgo, fuerza mental, etc.

Características femeninas: acogida, hogar, organización, afecto, etc.

Cuando un niño varón encuentra las características masculinas, con las cuales le invitan a identificarse, en su figura materna y en su padre las características femeninas, experimentará una especie de desubicación o de malentendido, lo que le llevará a una posible confusión que posteriormente puede repercutir en sus relaciones de adulto. Asimismo le sucederá a la niña que encuentra las características femeninas en la figura paterna.

Consecuencias:

- Personas que no aceptan fácilmente la autoridad.
- Son autodidactas; tienes que demostrarles lo que dices y no avanzan si no es por evidencia estricta.
- No acaban lo que empiezan; no saturan procesos.
- Son escurridizos, personas evasivas que no se ubican en grupos de pertenencia.
- No aceptan el mundo de los adultos. El punto de confianza son las figuras de a la par.
- Indecisos; personas desconcertadas.
- No suelen establecer proyectos o cumplir los establecidos.
- Sociables y cariñosos, a menudo con estrategias de relación aunque tienen dificultades a la hora de posicionarse socialmente (rebote con la sociedad).
- Las figuras masculinas son débiles cuando se da en hombres.
- Pueden ser candidatos a comportamientos adictivos, buscan la satisfacción inmediata.

Desclasamiento

El desclasamiento se relaciona con lo que el mismo nombre indica: pertenecer a una clase social diferente (tanto a nivel económico, cultural, etc.) a la que tenía la propia familia en el período de infancia. Los padres vivieron en un contexto inferior al que ellos posteriormente han tenido acceso. Los padres facilitaron y se esforzaron para que sus hijos adquirieran un estatus al que ellos no pudieron acceder, renunciando, a veces, a muchas comodidades para que los hijos pudieran alcanzar un nivel cultural y social superior.

Consecuencias:

- Personas que son muy inseguras pese a las apariencias.
- Se sienten algo desubicadas y desconfiadas, no acaban de asentarse en el medio en el que viven.
- Personas emocionalmente reactivas.
- Amables, trabajadores sin límites, muy responsables desde la infancia.
- Pese a que se sienten atraídos por las figuras de autoridad, no reconocen más que la propia.
- Nunca se consideran satisfechos. El reconocimiento no es suficiente y se mueven en función de dar la talla.
- Autodidactas, se han hecho a sí mismos y tienen dificultad para pedir ayuda.
- Afectivamente no son fiables. Al no tener el principio de autoridad bien definido, no ligan esta a los sentimientos.
- No saben decir que no, siempre cumplen.

- Abarcan más de lo que pueden.

- Son exigentes con los demás.

- No les importa el sacrificio, son disciplinadas y acostumbradas a esforzarse para mejorar.

- Son personas escurridizas.

- Aparentemente tienen mano izquierda, se ganan a los demás.

- Hacen lo que quieren, pactan con facilidad.

El duelo

Todos los procesos en la naturaleza tienen un principio y un final, sin embargo el ser humano tiene tendencia a resistirse a la pérdida, al adiós. Esta resistencia a desprenderse del pasado impide vivir el presente.

Los autores que han analizado las respuestas psicológicas del duelo en los adultos distinguen cuatro fases más o menos diferenciadas:

- Fase de embotamiento de la sensibilidad, que dura de unas horas a una semana.

- Fase de anhelo y búsqueda de la figura perdida, que puede durar algunos meses e incluso años.

- Fase de desorganización y desesperanza.

- Fase de reorganización.

Psicológicamente, la figura perdida sigue ocupando un lugar central en la vida de la persona que sufre el duelo durante mucho tiempo, a veces años, y esto explica la rabia y la desesperanza características de la segunda y tercera fase.

Durante la segunda fase se desarrolla una determinada disposición perceptual hacia el finado que consiste en prestar atención únicamente a los estímulos que sugieran la presencia de esa persona.

Para que el duelo se resuelva de manera favorable, es necesario la aceptación de que definitivamente el pasado no vuelve, y una reorganización cognitiva de la propia identidad y de la vida sin la persona perdida.

Comprender y enfocar la despedida y la pérdida desde una actitud diferente facilita la reorganización. Este nuevo enfoque pasa por considerar la despedida no como el final de algo que acaba sino como el comienzo de una nueva etapa. Decir adiós es también dar la bienvenida a lo por venir.

Habría que entender que permitir la fijación en lo que ya pasó solo sirve para impedir vivir adecuadamente el presente.

Tomar conciencia de que el pasado no vuelve jamás supone permitir la partida de los que se fueron, aceptar que se hayan ido. La vida es una sucesión de presentes, nuevos en cada momento, que compartimos con diferentes personas.

Agotar las relaciones, no dejar temas pendientes, favorece la despedida sin sufrimiento. Vivir adecuadamente sería despedirse en cada momento «para siempre» de aquellos con quienes compartimos los momentos puntuales.

Es importante tomar conciencia de que los principios de «verdad» no están ligados a las personas. Lo que aportaba aquel que se ha ido pueden aportarlo otros y nosotros podemos entregar a otros lo que entregábamos al que se fue.

El duelo no siempre está ligado a una persona que desaparece. En ocasiones lo que nos impide vivir el presente es no despedirnos para siempre de determinadas expectativas sobre aquellas cosas que demandamos a los que nos rodean. Hay un aspecto importante del duelo: decir adiós a las situaciones y a las conductas, no a las personas. Dejar de esperar definitivamente que alguien nos aporte lo que no puede aportar es dar el primer paso para buscar las fuentes de lo necesario.

Sexualidad y nivel afectivo

Hablar de sexualidad en el ser humano ha de ir más allá del concepto placentero orgásmico y de una mente no restrictiva. Se han de tener en cuenta todo un mundo de sentimientos, emociones y afectos que dan lugar a que la sexualidad sea entendida, asimismo, como un compendio integral en el que se activa todo el campo de la vibración emocional; se trata del encuentro entre seres que interactúan en un contexto que llega desde un sentimiento meramente afectivo hasta el amor.

Todo el mundo ha dicho en alguna ocasión que ha sentido «mariposas en el estómago» o «cosquillas en el pecho», dando a entender que al encontrarse con otra persona ha experimentado un acontecimiento que va más allá de una atracción hormonal o de una conveniencia relacional. A este acontecimiento lo denominamos enamoramiento.

Capítulo II

Relaciones humanas

Hablar de relaciones humanas implica irremediablemente el encuentro entre personas y, de igual modo, esto nos lleva a enfocarnos en lo que habitualmente se entiende por comunicación, donde aparece un sujeto que emite un mensaje y otro, u otros, que lo reciben. Pero hemos de tener en cuenta que el que emite tal mensaje lo lanza con el riesgo de que su situación personal no lo envíe con la depuración y la certeza requerida y que, asimismo, el receptor, o receptores, recibirán tal mensaje ateniéndose a sus propias circunstancias subjetivas, conocimientos y vivencias. De ahí que el mensaje emitido pueda haber perdido su pureza o delimitación al haber sido interpretado por el receptor.

Elementos básicos de la comunicación

Son indispensables y de ellos depende que la comunicación sea efectiva.

El **emisor y el receptor**: el emisor es el sujeto que toma la iniciativa de empezar la comunicación, mientras que el receptor es quien recibe el mensaje.

El **mensaje**: conjunto de diferentes informaciones que se transmiten a través de códigos, claves e imágenes cuyo significado interpretará el receptor en función de una serie de factores. El mensaje consta de la idea o información central que queremos transmitir, acompañadas de elementos complementarios que sirven para captar la atención y facilitar la comprensión.

El **código**: conjunto de claves, imágenes y lenguaje que se usan para transmitir la información. Para que se produzca la comunicación, el código ha de ser compartido por el emisor y el receptor.

El **canal**: medio a través del cual se emite el mensaje; supone el soporte de la información que actúa como línea de transmisión (la voz a través del teléfono, oral-auditivo y gráfico-visual en comunicación interpersonal…etc.)

El **contexto**: situación concreta en la que se desarrolla la comunicación. De él dependen los roles que ejecuten el emisor y el receptor, estando estipulados en muchos casos (en una conferencia, en una clase…etc.). El contexto determinará la imagen o interpretación que se dará al mensaje, influyendo así en la comprensión de éste.

Los **ruidos**: son las alteraciones que se producen durante la emisión del mensaje que dificultan el proceso de comunicación. No tienen por qué estar relacionados exclusivamente con los sonidos, pueden deberse a interrupciones visuales, distracciones varias…etc.

Los **filtros**: suponen las barreras mentales que surgen de los valores, experiencias, conocimientos, expectativas y prejuicios presentes en el proceso de comunicación por parte del emisor y el receptor.

El *feedback* **o la retroalimentación**: es la información que devuelve el receptor al emisor sobre su propia comunicación, tanto en lo que se refiere al contenido como a la interpretación del mismo.

Habilidades de comunicación

Son aquellas actuaciones a tener en cuenta a la hora de facilitar la comunicación y/o evitar lo que la dificulta.

Estas habilidades tienen como objetivo, por un lado, asegurar al interlocutor que hemos recogido y entendido su mensaje y, a su vez, alentar a este a emitir nuevos mensajes.

Elementos que favorecen la comunicación

- Lugar y momento elegido adecuados.
- Objetivos precisos y de interés para emisor y receptor o receptores.
- Estado emocional que facilite la comunicación.
- Atender a lo que no se percibe del discurso.
- Ser participativo en la toma de decisiones.
- Hacer sugerencias sobre las decisiones positivas.
- Escucha activa (participativa).
- Empatizar (transmitir al otro que es aceptado).
- Expresar sentimientos a través de mensajes personalizados (yo...).
- Preguntar.
- Pedir opinión.
- Establecer acuerdos parciales con un argumento.
- Utilizar confidencias personales o temas intranscendentes, según convenga.
- Declarar los deseos propios.
- Hacer declaraciones de agrado/desagrado.
- Emitir mensajes coherentes.
- Utilizar el mismo código en todo el mensaje.
- Cuando hacemos referencia a hechos u observaciones específicos, es necesario dejar claro que no nos referimos a las personas, sino a las conductas.
- Escuchar activamente:

— Dar señales **no verbales** de escucha

- Cercanía física.
- Contacto físico ligero.
- Contacto visual.
- Postura orientada y relajada.
- Gestos de asentimiento.

— Dar señales **verbales** de escucha

- Sonidos confirmatorios.
- Parafrasear (ampliar lo que dice).
- Resumir.
- Preguntar, pedir más información.
- Recibir y no emitir.
- No anticipar lo que el otro va a decir.

Problemas o ruidos que dificultan la comunicación

- Objetivos contradictorios.
- Ausencia de objetivos comunes.
- Estados emocionales/bloqueos que perturban la atención, comprensión y fijación de los mensajes.
- Bajo nivel de discriminación y precisión.
- Errores perceptivos sistemáticos (se atribuyen causas no reales, priman unos mensajes sobre otros, etc.)
- Fracaso en considerar alternativas.
- Fracaso en discriminar acciones afectivas y apropiadas respecto de las no apropiadas.
- Tendencia a tomar decisiones negativas.
- Lugar y momento mal elegidos.
- Ausencia de habilidades comunicativas.
- Ansiedad que bloquea la ejecución de la respuesta.
- Déficits comunicativos:

  — Acusaciones, amenazas, exigencias e insultos.
  — Reproches.
  — Declaraciones del tipo «deberías».
  — Interrupciones.
  — Sarcasmo.
  — Ignorar los mensajes importantes del otro.
  — Generalización excesiva.
  — Proporcionar excesiva información gratuita.

— Uso de etiquetas.

— Aconsejar prematuramente.

— Emplear términos vagos.

— Disputa sobre diferentes versiones de sucesos pasados.

— Justificación excesiva de las propias decisiones.

— Prejuzgar o juzgar los mensajes del interlocutor.

— Comunicar en diferente código.

— Inconsistencia en los mensajes.

- Ausencia de retroalimentación y retroalimentación falsa o poco realista.
- Ausencia de atractivo físico.
- Ansiedad heterosocial.

Direccionalidad en las relaciones

Los seres humanos somos solidarios; desde el nacimiento estamos en continua relación con el medio. Las relaciones pues, son consustanciales a las personas: recibimos, intercambiamos y entregamos.

Cuando nos relacionamos con las personas hay un intercambio de actuaciones en relación a las capacidades. Dependiendo de en qué sentido se produzca el intercambio se podrá hablar de: relaciones parentales, relaciones paritarias y relaciones filiales.

Relaciones unidireccionales y bidireccionales

Relaciones unidireccionales

Son las relaciones que se dirigen en una sola dirección, bien desde el sujeto que entrega, o bien desde el sujeto que recibe; no existe la reciprocidad. Se recibe sin dar a cambio o se entrega sin esperar respuesta. Las relaciones a las que nos referimos son: filiales y parentales.

Relaciones filiales

Son aquellas relaciones en las que uno de los sujetos es un mero receptor. Es el único rol que se puede desempeñar durante la primera infancia. El niño lo recibe todo: cuidado sensitivo, afecto, orientación... y lo hace, o al menos en principio, en gratuidad. No es función de los niños devolver lo que se les aporta; los adultos que entregan no han de exigir nada a cambio.

Este tipo de relación, que denominamos filial, es imprescindible para el desarrollo personal. Para que una persona se desarrolle en salud, es necesario que tenga la experiencia de haber recibido en gratuidad. Pero es más, esta filiación debe perdurar toda la vida, somos hijos desde que nacemos hasta que morimos. La infancia desaparece con la edad, pero la filiación perdura de por vida.

En la filiación se recibe acogida, con el cuidado sensitivo que conlleva, y se recibe asimismo afecto y orientación. Estas características de filiación habrá que buscarlas a lo largo de la vida en el medio, tanto si se tuvieron o no padres adecuados.

Se recibe de figuras con madurez, desarrollo personal y excedencia. Gracias a ellas se introyecta en los menores la fuerza individual con que nacieron y esa fuerza se convierte en seguridad al sentirse reconocidos y queridos en gratuidad.

Los adultos que no han tenido una filiación adecuada en los primeros años de vida, desconfían y tienen dificultades con las figuras de autoridad.

La filiación es imprescindible para el desarrollo que debe darse permanentemente a lo largo de la vida. Se deja de ser niños pero no de ser hijos y, como adultos, es necesario saber reconocer en el medio los contenidos de filiación válida e ir a su encuentro.

Cuando los adultos van a la búsqueda de relaciones filiales, su disposición ha de ser la de aceptar lo recibido. Para ello es necesario:

- Reconocer personas que ejercen autoridad personal.
- Reconocer con humildad a quién posee buen desarrollo de los valores.
- Apertura para dejar que se despierte el potencial personal (**el ser humano sabio es un eterno aprendiz**).
- Estar preparado para percibir desde la evidencia.

- Saber pedir a quien puede dar mostrándonos atractivos.
- Facilitar la recepción (**eternos hijos de la vida**).

Relaciones parentales.

Son las relaciones en las que uno entrega en gratuidad a otro que recibe incondicionalmente. El rol parental es desempeñado por el sujeto emisor.

A lo largo de la vida, muchos adultos en algún momento se encuentran en situación parental, ya sea como padres, educadores, orientadores, o brindando algún tipo de acogida a niños o discapacitados entre otros.

Se ha de tener en cuenta que para desempeñar algún tipo de relación parental, previamente hay que haber desarrollado las relaciones filiales; se tiene que haber ejercido como hijo. Está claro que no puede entregarse aquello que no se posee, por tanto, si se desea enseñar, es necesario haber aprendido primero, y si se quiere mostrar cariño, antes hay que haberlo recibido. Solo el que está excedente en algo puede ofrecerlo en gratuidad.

Otro aspecto a tener en cuenta es el de que no es posible tratar a los hijos o menores por igual, pues al ser cada uno diferente, cada cual necesitará un trato distinto y, por supuesto, dosificado acorde a sus capacidades.

Características de la figura parental:

- **Facilita recursos** a través de su capacidad personal y, en determinados casos, dando paso a otras figuras cualificadas que puedan ofrecer lo que el menor precise, tanto en el campo del conocimiento como en el de la salud, etc.

- **Respeta la individualidad** aportando a los menores lo necesario en función de la verdad, no de la opinión, y dosificando de acuerdo a las capacidades de estos.

- **Permite y favorece la autonomía** en el momento adecuado.

  Hay que tener siempre en cuenta que la relación entre padres e hijos, o entre educadores y educandos, ha de incluir respeto, cariño y empatía, pero que nunca se deben confundir a estos con «amiguetes o colegas».

Estas consideraciones permitirán situar a los padres en la realidad de la relación con sus hijos teniendo en cuenta los siguientes principios:

- La relación como amigos no es adecuada entre padres e hijos. Los hijos no quieren que sus padres sean sus amigos. Hay que tener presente que cada relación aporta aspectos distintos, distinguiendo los siguientes:

  — **Relación padre–hijo**: caracterizada por la unidireccionalidad, la jerarquía y la gratuidad (aceptación incondicional).

  — **Relación entre amigos**: basada en la reciprocidad, complicidad, democracia e igualdad.

Valorando estos dos tipos de relaciones, existen características comunes, como el afecto, el respeto, la comprensión y el aprendizaje. Hay que tener presente que la persona que tiene cubierta la filiación no la busca en los amigos.

- El aprendizaje es despertar en otro el interés por algo. Debería poder darse conjuntamente en padres e hijos. Es ideal que existan puntos en común de aprendizaje entre ambos (aficiones, deportes…) y que a través de estos puedan conectar con adultos externos.

- No se trata a todos los hijos por igual, cada uno es diferente. Además, cada hijo necesita su tiempo concreto de relación. Es necesario, por tanto, facilitar encuentros personalizados con cada uno de ellos.

- Cuando los hijos hacen sus demandas es porque existe una necesidad no cubierta. Conviene planificar el tiempo en la relación con estos para evitar el riesgo de no estar disponibles cuando se presente la necesidad de atención.

Relaciones bidireccionales

Se entienden como relaciones bidireccionales aquellas en las que los intervinientes aportan y reciben de forma paritaria. Se entrega para recibir a cambio, no hay incondicionalidad.

En este tipo de relaciones se encuentran los hermanos, los amigos, los socios, los compañeros, las parejas sentimentales y en definitiva cualquier relación que suponga igualdad o paridad, así como reciprocidad y, en ocasiones, complicidad.

Para que las relaciones bidireccionales no se encuentren contaminadas, ambas partes deben haber recibido previamente los nutrientes adecuados en las relaciones filiales. De no ser así, es muy probable que se exija en la relación de iguales características que pertenecen al ámbito paterno-filial, dando lugar así a situaciones confusas.

La separación de los tres tipos de relación, sobre todo entre los adultos, no es tan clara. Hay una serie de condicionantes de la relación que harán que nos situemos en ella en función de dar, de recibir o de compartir. Estos condicionantes son:

- Capacidades personales de cada individuo.
- Nivel de desarrollo.
- Tipo de conocimientos específicos y nivel de los mismos.
- Grado de experiencia.
- Factores socio- culturales, etc.

Proyectos y contratos

Así como en las relaciones filiales y parentales hay una persona que da y otra que recibe en gratuidad, las relaciones de iguales son recíprocas, en estas se trata de compartir capacidades y buscar el beneficio de ambos.

Lo que se comparten son proyectos, no deben ser relaciones de favor (tú me das algo que necesito y a cambio yo te doy algo que necesitas). Para que una relación de iguales sea correcta, esta se debe dar entre dos personas autónomas que se reúnen para un proyecto común. Podemos decir que una persona es autónoma cuando esta se vale por sí misma a la hora de obtener recursos o ingredientes necesarios.

La autonomía personal requiere fuentes de ingresos económicos y fuentes de acogida y orientación suficientes. Todo ello no debe proporcionarlo la figura del igual.

Por ejemplo, en una pareja afectiva, ser autónomo supone que cada uno de los miembros ha recibido la acogida y el afecto suficientes fuera de la misma, lo cual implica que no existen carencias afectivas básicas derivadas de desajustes acontecidos en las relaciones filiales. Significa también que cada uno genera recursos económicos suficientes para que no exista dependencia económica. No se trata de que se reúnan dos personas deficitarias para entre las dos poder alquilar una casa, se trata de que cada uno pueda hacer frente a sus propias necesidades económicas y se reúnan porque deseen compartir de manera voluntaria. La mayoría de los problemas en las relaciones de iguales derivan de la interdependencia de los componentes o de que se carece de proyecto.

Entendemos por proyecto cualquier **conjunto de actividades en las que nos expresamos o nos enriquecemos a nivel personal de acuerdo a unos valores.**

Partiendo de la base de que se reúnen dos individuos autónomos, hay una serie de elementos imprescindibles para una relación satisfactoria:

- **Proyectos**: deben de ser atractivos para ambos. Hay que tener en cuenta que no se trata de elegir una persona y ver qué podemos realizar con ella, sino que primero hay que trazar un proyecto y después compartirlo con quien también lo desee.

- **Acuerdos de convivencia/contratos**: una vez se tiene un proyecto común surgen los acuerdos y los contratos. En toda relación de pares debería establecerse un contrato el cual puede ser tácito, pero mejor si es explícito. Un contrato es un acuerdo en el que se ponen unas condiciones aceptadas por ambas partes y que implica el compromiso de cumplirlas. Si las condiciones del contrato no se cumplen, o bien se rompe el acuerdo o bien se modifican las cláusulas para adaptarlas a la nueva situación.

- **Diferenciar espacios y tiempos propios y comunes**: la existencia de espacios y tiempos propios que permitan la intimidad y el encuentro con uno mismo facilitan la relación desde el respeto a la individualidad. Hay espacios y tiempos que solo pueden ser vividos desde la intimidad de cada persona.

Distancias y tiempos

Cada ser vivo necesita un espacio para vivir. Se han hecho múltiples estudios, tanto en animales como en seres humanos, en los que se trata de fijar cual es el espacio mínimo que si se sobrepasa produce alteraciones en el comportamiento. En este sentido se ha visto que hay roedores que al ver reducido su espacio vital por el aumento masivo de la población, practican un suicidio colectivo. Asimismo, en experimentos con seres humanos se ha demostrado que el hacinamiento produce irritabilidad e importantes alteraciones en la convivencia.

Es importante entender que la distancia óptima para relacionarse es diferente en distintas personas y que cambia también en un mismo sujeto dependiendo de con quién se relacione, llegando a variar incluso de unos momentos a otros.

Una relación en la que uno o ambos miembros se sienten invadidos en su distancia privada crea tensión; es insatisfactoria. Habitualmente, el ser humano intenta resolver estas tensiones adoptando una distancia media, «no tan cerca como yo quisiera ni tan lejos como a ti te gustaría». Si estudiamos detenidamente esta situación, vemos que ninguna de las dos personas se mueve en la distancia preferida, lo cual imposibilita la existencia de condiciones idóneas que les permitan relacionarse adecuadamente. La persona que se siente invadida sigue sintiéndose así siempre que se sobrepase su distancia, sea por poco o por mucho.

Entendemos que la distancia correcta de relación es la más larga deseada por cualquiera de las personas que intervienen.

Otro elemento que condiciona la relación es el tiempo. Una relación en principio satisfactoria, pasado un tiempo, deja de serlo si no hay nada nuevo que compartir.

Al igual que hay una distancia óptima, también existe un tiempo ideal para la relación y este es el tiempo más corto deseado por cualquiera de los intervinientes.

El respeto por las distancias y el tiempo garantizan la satisfacción en las relaciones y el deseo de que se den nuevos encuentros gratos.

Tipos de relación

El ser humano es un ser eminentemente social. A lo largo de su vida establece continuamente contacto con sus semejantes. En estos contactos, se producen interacciones entre individuos en las que se dan intercambios de valores, conceptos y sentimientos que impactan fuertemente en la personalidad de cada uno. La realización del individuo como persona depende en gran medida de sus relaciones y de la forma en que las establece.

Todas las personas son seres enteros y completos en sí mismos que cuando se relacionan con otros individuos activan y expanden el potencial que albergan. Podríamos decir, a nivel simbólico, que cada sujeto podría ser una esfera que a lo largo de su existencia va rodando y, al moverse, se encuentra con otras esferas dando lugar a diferentes tipos de relaciones. Los distintos tipos de relaciones que se dan a lo largo de la vida se manifiestan de las siguientes maneras:

- Relaciones simbióticas.
- Relaciones secantes.
- Relaciones tangentes.

Relaciones simbióticas

Son entendidas como el tipo de relación en el que una persona depende exclusivamente de otra.

En el ejemplo de las esferas entenderíamos que una está dentro de la otra. En esta relación se supone que una persona absorbe a otra, estableciendo una relación de máxima dependencia y atadura. Las dos irían siempre juntas, no hay posible separación.

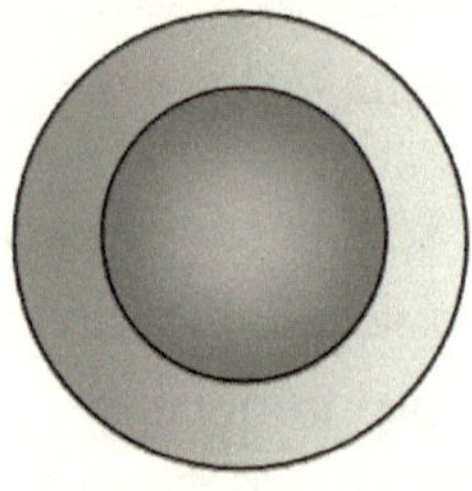

Este tipo de relación se establece de forma natural en los casos de la gestación de las madres con sus fetos. También podría entenderse en el caso de que una persona adulta tuviera una grave enfermedad/discapacidad que le impidiera vivir por sí misma de forma continua y necesitara la atención irremediable de un cuidador. Esta relación simbiótica es, por tanto, de carácter temporal y dura hasta que el enfermo sana o el feto nace. Cuando de alguna forma se establece entre adultos, supone sometimiento, máxima atadura y en definitiva anulación recíproca, por lo que se considera una relación no adecuada.

Relaciones secantes

Este tipo de relación consiste en la unión de dos personas en las cuales se da un aspecto individual y otro aspecto compartible. De alguna manera se establece una determinada dependencia al no darse una completa autonomía por alguna de las partes, haciéndose una de ellas responsable de las acciones de la otra.

Volviendo al esquema de las esferas, en este tipo de relación estas se imbrican en una porción más o menos amplia, quedando la parte restante personalizada.

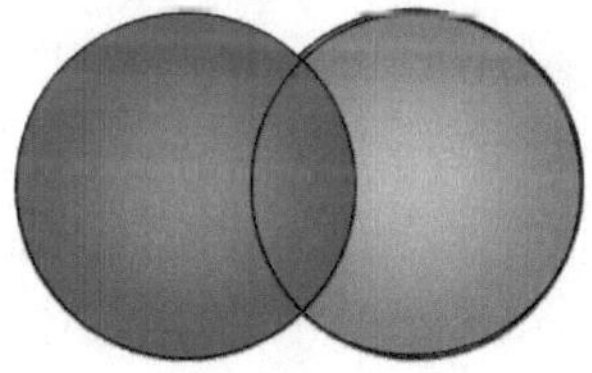

Estas relaciones secantes se consideran, por tanto, pertinentes en la tarea educativa por corresponder a los educadores atender a los educandos en ciertas edades. Los menores no son responsables de sus actos, de ahí que durante un período necesiten que alguien les atienda de una manera continua. Poco a poco, con las indicaciones adecuadas y las vivencias pertinentes, se irán haciendo cada vez más autónomos hasta que llegue el momento en el que se puedan responsabilizar de sus acciones.

Se trata de una relación de dependencia positiva, pues se da en la época en la que los menores reciben sus nutrientes de adultos responsables en la cuantía adecuada a sus correspondientes capacidades.

Sin embargo, este tipo de relaciones también suelen encontrarse frecuentemente entre adultos en nuestra sociedad y en este caso son relaciones no adecuadas debido a que se dan a causa de que no se cubrieron las relaciones filiales en el momento correspondiente (fundamentalmente infancia, pubertad y adolescencia). Son relaciones frecuentemente establecidas sobre una base negativa y es común observarlas entre aquellas personas que han compartido situaciones duras y difíciles y que consideran que están obligadas a permanecer juntas.

Aparentemente, entre adultos, este tipo de relación parece más libre que la anterior, ya que existe una zona común a ambas partes, quedando el resto relativamente independiente. Sin embargo, no podemos imaginar el movimiento en las esferas así trabadas sin que una de ellas arrastre a la otra. Los puntos en común suelen denominarse como relación de favor.

Ejemplo: «yo te acompaño a dónde a ti te guste con tal de que luego me acompañes a lo que me gusta a mí». En ambos casos, una de las personas puede estar a disgusto actuando en función del otro y cediendo por evitar cualquier tipo de conflicto, estableciéndose una relación no satisfactoria a pesar del favor que, recíprocamente, se conceden ambos. «Hoy por ti, mañana por mí».

Este tipo de relación puede suponer compartir una faceta única y fija de la personalidad, pasando por alto el resto de aspectos personales. Siguiendo el ejemplo de las esferas, si los puntos de encuentro son siempre idénticos e inamovibles, las personas tienen el riesgo de participar siempre en los mismos acontecimientos y con los mismos enfoques, dando lugar a lo conocido como «más de lo mismo» y llegando a momentos de aburrimiento.

Cuando dos adultos conviven en este tipo de relación y uno de ellos decide romperla, la persona que no ha decidido separarse queda dolorida, sorprendida e irritada, pero, por tendencia, al final todo ser humano tiende siempre a estar completo en sí mismo, sin ataduras ni sometimientos.

Con frecuencia, después de interrumpir una relación secante, las nuevas relaciones que se producen tienden a repetir el mismo patrón, si bien la zona de intercambio entre las dos esferas, según nuestro esquema, será quizás algo menor. Es importante, sin embargo, comprender que, sea cual fuere la cuantía del espacio común, la dificultad de movimientos seguirá persistiendo y la faceta de personalidad que se comparte seguirá siendo también fija.

Relaciones tangentes

Son las relaciones que se establecen entre adultos autónomos, responsables de sus acciones y ejecutores y provocadores de su propia vida.

Cuando las personas actúan de forma autónoma y cuentan con un plan de acción satisfactorio, se pueden relacionar con otras personas de manera no invasiva y sin dejarse invadir a su vez.

De esta forma, las relaciones que se establecen se pueden denominar como relaciones tangentes o puntuales en las que no existen ataduras. En ellas hay acercamiento, se viven intensamente los encuentros y cuando llega el momento de retirarse, se hace sin dejar ninguna faceta vital en manos de nadie.

Podemos visualizar este tipo de relaciones como dos esferas que ruedan sobre sí mismas pero sin atrapar una a la otra, de modo que al retirarse una de ellas, al no haber habido ningún enganche, no surge ni dolor ni sufrimiento. Este tipo de relaciones posibilita toda una multiplicidad de encuentros satisfactorios.

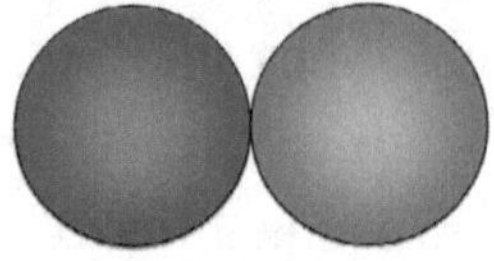

Las ventajas de ese tipo de relación son múltiples. En primer lugar ninguna de las dos esferas impide la movilidad de la otra. Además, al poder girar libremente se comparten facetas distintas. Con absoluta libertad de movimiento, cada cual puede establecer a su vez otras relaciones con otros individuos sin menoscabar la relación anterior.

La evolución de las relaciones adecuadas tiene que ver con un proceso en el que, partiendo de una total dependencia en el embarazo y los primeros días de vida (relación simbiótica), se evoluciona progresivamente a través de una relación de dependencia en la infancia y adolescencia (relación secante), hacia la autonomía que se supone a que se alcanzará en la juventud que implicará la capacidad de relacionarse de forma autónoma (relación tangente).

Relaciones grupales

Las relaciones tangentes también se pueden establecer en grupo. Si observamos el dibujo, aparece un espacio compartido para cada uno de los pares (**espacios AB, BC y AC**), en el que no tiene por qué interferir un tercero, y un espacio común a todos (**espacio ABC**), en el que se facilita la relación grupal y en el que no deben interferir aspectos particulares que excluyan a algún miembro del grupo. Dichos espacios están fuera de los protagonistas.

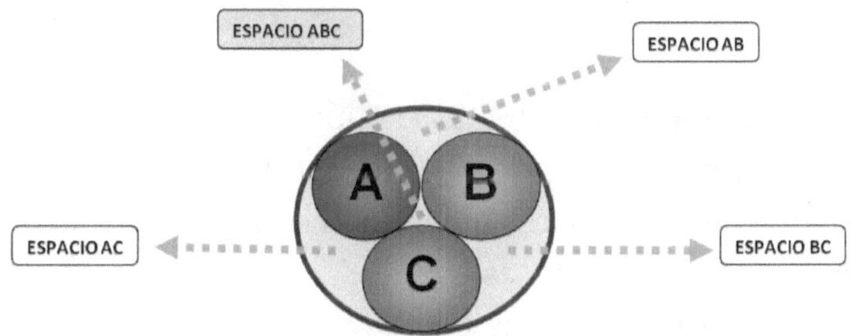

La vinculación con otra persona puede ser tan grande como pueda permitirse el individuo, pero no ha de entregarse nada que pertenezca a la propia integridad de este. Así pues, desde el momento en que alguien entrega algo (cariño, trabajo, dinero, etc.), debería tenerlo en abundancia para poder ofrecerlo con generosidad; así entendido, lo que se da por ser excedente ya no pertenece a quien lo entrega, y si alguien lo rechaza, esto nunca implica que se rechace a la persona que lo entrega.

Este tipo de relaciones solo se concibe entre adultos, puesto que requiere asumir la responsabilidad de las propias acciones.

Relaciones de fusión

Cuando la relación entre dos o más personas con un alto proceso de madurez y autonomía permanece mucho tiempo, es porque coinciden en atracción recíproca, en aficiones, en familiaridad, etc. En una relación como esta no hay lugar para recelos, desconfianzas, celotipias o malentendidos, estableciéndose así una apertura recíproca. En esta situación se «baja la guardia» y surge una relación persistente y diáfana en la que los individuos participan en un proyecto o causa común sin perder la singularidad de cada uno.

En un ejemplo de esferas, se supone que estas se van abriendo en sus puntos de contacto tangente estableciéndose así un espacio tan amplio como la suma de los espacios individuales; es decir, el espacio se amplía en función de las personas que participan en esa relación que denominamos de fusión.

Si llega un momento en el que, por alguna razón, alguno de los intervinientes en este tipo de relación decidiera distanciarse, recuperaría su lugar y, sin arrebatárselo a su vez a los otros sujetos, se retiraría sobre sí mismo sin producir ningún tipo de dolor o desgarro, permitiendo a su vez al resto de intevinientes que retomaran su espacio propio

Cuando las personas se sitúen con autoestima y rentabilidad, se sentirán capaces de interactuar y relacionarse ya como adultos y de forma tangente con otras personas. Si

estos otros sujetos a su vez se manifiestan también autónomos, pueden llegar a establecer de forma natural no
solo relaciones de tipo tangente, sino también relaciones
de fusión.

Niveles de desarrollo personal

Por **niveles de desarrollo** se entienden los estados en los que se encuentran las personas en relación a su evolución.

Nivel I

Son las personas que a lo largo de su existencia han conseguido reunir los nutrientes necesarios y adecuados a sus capacidades dando lugar a una alta satisfacción en su estructura de personalidad. Han podido nutrirse hasta el punto de alcanzar una vida muy saludable, tanto a nivel psico-físico, como a nivel afectivo-espiritual.

Estos individuos han tenido la posibilidad de tomar las riendas de sus vidas no permitiendo ningún tipo de servilismos ni contaminaciones, siendo conscientes de que nadie ostenta un poder de dominio sobre ellos.

Asimismo, cuando entregan, lo hacen en función de su excedencia y por tanto incondicionalmente, evitando que el hecho de dar pueda suponerles un menoscabo a su integridad.

Aproximarse a estas personas supone poder recibir sin sentirse en deuda, pues el mismo acto de entregar les satisface. Uno puede acercarse y alejarse de ellos en función del propio deseo sin problemas. Si aquellos que están en ese alto nivel de desarrollo no están disponibles cuando alguien reclama su atención, proponen con naturalidad otro momento de encuentro.

Los encuentros con estos sujetos siempre son agradables. Jamás muestran señales de exclusión al aceptar de forma incondicional y constituyen una garantía de nutrición y de activación energética.

Como se relacionan en función de su situación personal, cuando consideran que ya es suficiente el encuentro que establecen con otros se retiran y siguen su plan de acción sin tomar en cuenta más deseos que los propios. Siguen su propio camino.

Como la relación con este tipo de personas es siempre deseable e invita a permanecer con ellas el mayor tiempo posible, es aconsejable que quienes se les acerquen se entreguen a esos momentos de encuentro y disfruten de esa cercanía.

La manera más adecuada para entrar en contacto con estas personas de un Nivel I de desarrollo será la de acercarse con la mejor actitud, evitando la queja y haciéndolas saber de vez en cuando que nos agrada estar con ellas. Un detalle o un gesto de afecto contribuirán a conservarlas, ya que si bien estas personas son gratuitas, la mejor manera poder recibir de otros individuos es mostrarnos atractivos ante estos.

Nivel II

En este nivel se encuentran aquellas personas que, aun a sabiendas de que no tienen un alto nivel de desarrollo, hacen todo lo posible por no cargar sobre otros sus carencias. Son personas que se esfuerzan por cubrir sus necesidades a pesar de las dificultades que se encuentran, que aceptan acuerdos de convivencia y que colaboran de forma efectiva en los proyectos en los que participan. No son excedentes, pero cuando entregan no «echan en cara» ni recriminan nada a quienes ofrecen sus servicios.

Son conscientes de que la consecuencia de sus acciones puede ser no satisfactoria, pero aun así participan en las actividades con las que se comprometen. Actúan con conocimiento de causa y no eluden las consecuencias de sus actos. Establecer relaciones con este tipo de personas supone la seguridad y la confianza de que actúan guiados por sus mejores deseos y de que tratan de aportar involucrando todas sus capacidades. En definitiva, se pueden hacer con ellos importantes acuerdos de convivencia, pues son muy buenos compañeros de viaje.

Nivel III

Hay sujetos que, a pesar de su buena voluntad, no son capaces de alcanzar un nivel de compromiso estable, pues adolecen de estabilidad personal al no haber tenido figuras de referencia que les hayan aportado los nutrientes necesarios.

Estas personas siempre actúan con la mejor intención, pero no tienen la fuerza necesaria para llevar a cabo las tareas que requieren los proyectos que se les proponen. Pese a esto, son muy buenos ejecutando acciones previamente dirigidas por otros: son buenos empleados, buenos amigos, buenos compañeros... pero tienden a participar en los proyectos como sirvientes y pueden parecer sumisos a la hora de actuar.

Cuando la planificación de los proyectos a llevar a cabo es adecuada y hay un buen reparto de actividades, este tipo de personas resultan ser muy competentes, siendo la principal característica que les distingue la disciplina.

Nivel IV

A este nivel pertenecen quienes se muestran habitualmente demandantes en todos los ámbitos de su vida. Este tipo de personas están muy enfocadas en el acto de recibir y no se sienten responsables de sus acciones.

Como podemos comprobar, este es el nivel que corresponde a las edades de infancia y adolescencia, en las cuales el cometido principal es prestar atención a las ofertas que otorga la vida a través de la relación con los educadores.

Esta situación en adultos supone un estado de infantilismo que da lugar a relaciones excesivamente demandantes y a la evitación de cualquier tipo de responsabilidad.

Grupos de relación

Se establece cuando los intervinientes del grupo pertenecen al Nivel I de desarrollo personal. Todos los miembros de este grupo tienen, por tanto, un alto nivel de desarrollo y se acercan o distancian entre ellos de forma natural sin necesidad de establecer contratos previos, pues se encuentran en los momentos que consideran oportunos. Como no se necesitan para cubrir sus necesidades básicas, sus relaciones se dan siempre desde la excedencia, consiguiendo así los más altos niveles de entrega y bienestar.

Este grupo se establece cuando al menos una de las personas que lo configuran se encuentra en un Nivel II de desarrollo. La pertenencia al grupo es siempre voluntaria e implica la asunción de un compromiso.

A este tipo de grupo suelen pertenecer las relaciones de pareja sentimental, aunque no necesariamente. Puede darse, siempre entre adultos, entre padres e hijos, amigos, compañeros, socios, etc. La condición para pertenecer a este grupo es desear relacionarse con las personas que lo configuran. Implica, por tanto, la existencia de una aceptación recíproca fundamentada por sentimientos de agrado. Estos grupos se mueven habitualmente por acuerdos y contratos, tanto implícitos como expresos, en los que se prefijan los tiempos de pertenencia.

La adecuada relación en este tipo de grupos ha de ser de:

- **Respeto**; no intentando cambiar ni someter unos a otros. Se trata de aceptar a las otras personas a pesar de que no exista siempre acuerdo respecto a algunos comportamientos.

- **No herir ni recriminar**.

- **No quejarse nunca**; si son personas a las que elegimos la responsabilidad es nuestra, no podemos culpabilizarlas.

- **Hacer acuerdos de convivencia**.

Grupo III

En este grupo se incluyen las personas que, aunque no se han elegido entre ellas para convivir, se sienten condicionadas a relacionarse en determinadas ocasiones. Los miembros pertenecientes al Grupo III aparecen impuestos por determinadas circunstancias: compañeros de trabajo, parientes políticos o las parejas de algunos amigos que se encuentran incluidos en un Grupo II. A veces familiares próximos también pueden pertenecer a este Grupo III.

El comportamiento en este tipo de grupos se realiza a través de estrategias de relación, pues esta puede venir impuesta por causas ajenas a la elección de alguno de los participantes. Moverse en la distancia más larga y en el tiempo más corto es una buena estrategia a la hora de desenvolvernos en circunstancias así.

Grupo IV

Las relaciones establecidas en este contexto son aquellas que se buscan con el fin de cubrir necesidades muy específicas: médico, peluquería, tiendas de comestibles, etc. Son las personas con las que el encuentro es elegido en función del trato recibido y de los servicios prestados. En las relaciones con este tipo de individuos, el nivel de desarrollo que estos hayan alcanzado facilitará o dificultará la frecuencia de los encuentros.

Grupo V

Se da con aquellos sujetos que se encuentran de manera habitual aunque no haya ningún tipo de proyecto común ni beneficio recíproco. Existen circunstancias muy concretas que hacen que el encuentro con estas sea frecuente: compartir vecindario, ser habitantes del mismo barrio, coincidir con ellos en servicios comunes, etc.

En este tipo de encuentros ha de predominar amabilidad en el trato.

Grupo VI

Está conformado por aquellas personas con las que no deseamos encontrarnos, debido posiblemente a situaciones previas en las cuales hubo cualquier tipo de dificultad en el trato.

En estas situaciones, lo más conveniente es evitar de manera consciente y voluntaria los encuentros.

Grupo VII

Se establece cuando se dan lugar encuentros totalmente esporádicos con personas con las que probablemente no se vuelva a coincidir. Un buen ejemplo para ilustrar esto serían los compañeros de asiento en un viaje, con los cuales la relación no suele ir más allá de un saludo cordial.

Consideraciones:

- Hay que tener en cuenta que estos grupos no son inamovibles; con frecuencia, personas del Grupo II pasan al III y viceversa. Las que suelen ser fijas son las del Grupo I.

- Es posible que aquellos que pertenecen al Grupo IV puedan pasar a formar parte de un Grupo II en caso de que los encuentros se hagan más frecuentes y satisfactorios.

- Es importante tener claro en qué grupo se sitúa cada sujeto con el fin de poder ubicar a estos en la relación adecuada. Es frecuente que surjan problemas en la relación por pedir incondicionalidad a personas que no son Grupo I o por no utilizar las estrategias convenientes.

- Una vez que hemos reflexionado sobre los niveles de desarrollo y grupos de relación, observamos que los adultos responsables de menores, sean educadores, padres, docentes o cuidadores, deberían pertenecer, como mínimo, a un Nivel II de desarrollo, siendo lo deseable que pertenecieran al Nivel I.

- Igualmente hay que tener en cuenta que los educandos/hijos/alumnos estarán siempre en el Nivel IV y que, por tanto, su grupo de relación está condicionado por las necesidades que han de cubrir. Su proceso evolutivo va en función de ir adquiriendo y desarrollando capacidades que les permitan alcanzar la madurez y autonomía necesarias para poder incorporarse a los grupos de relación anteriormente expuestos.

Consideraciones sobre las relaciones afectivas

Parece también necesario tener en cuenta que al hablar de relaciones afectivas no siempre tienen por qué aparecer sensaciones gratas; en ocasiones movilizar sentimientos de dolor o ira también puede tener aspectos positivos.

Finalmente, enumeraremos una serie de actividades que mejoran la calidad de las relaciones humanas:

- Estar en compañía de quien nos agrada y evitar a quien no nos agrada.
- Planificar los momentos de encuentro.
- Comunicarnos con personas que viven lejos.
- No mezclar relaciones de grupo con relaciones de par (si se está en grupo, las necesidades concretas de una relación entre solo dos personas deben situarse en otro momento).
- Relacionarnos desde el momento presente (cada encuentro es nuevo e irrepetible).
- Relacionarnos de modo espontáneo; abrirnos a nuevas relaciones sin prejuicios.
- Las relaciones de pares no deben basarse en hacer referencia a terceros (no hablar de terceras personas).
- No dar cabida a sentimientos negativos.
- Relacionarnos desde lo positivo.

Estilos de relación: inhibida, invasiva y asertiva

Intentar acotar todos los aspectos que tienen que ver con el mundo de las relaciones es francamente difícil. Sin embargo es deseable tener en cuenta otro de los contenidos inherentes a las interacciones entre las personas.

En este caso haremos referencia a cómo se pueden provocar determinados encuentros, bien porque queremos acercarnos a algo que deseamos o bien porque queremos evitar algo que no nos es grato.

Aquellas acciones que ejecutamos para acercarnos a aquello que deseamos se denominan **conductas aproximativas** y las que llevamos a cabo para alejarnos de algo que no nos es grato, **conductas evitativas**.

Hay que tener en cuenta que, en muchas ocasiones, en las relaciones personales, los deseos de aproximación o de evitación pueden no ser recíprocos, lo cual incita a que surjan desacuerdos en cuanto al tipo de relación a establecer.

Este estilo de relaciones viene, a su vez, condicionadas por el tipo de temperamento y carácter de las personas que intervienen.

Las características a las que nos referimos tienen que ver, por una parte, con el perfil de las personas **inhibidas**, que tienden a distanciarse de las situaciones que pudieran resultar difíciles, frente a aquellas que denominamos **invasivas** que intentan resolver las dificultades insistiendo sin intención de retirarse.

Junto a estos dos tipos de perfiles surge el llamado **asertivo o de equilibrio**, que se da en los individuos que, ante una situación conflictiva o con algún tipo de dificultad, tienden a valorar hasta qué punto es pertinente no retirarse a pesar de las complicaciones o distanciarse cuando se considera que no se mejora la situación por mucho que se insista.

Hemos tenido en cuenta estas consideraciones sobre las tendencias de tipo inhibitorio o de tipo invasivo por considerar que el ser humano, sea cual sea su tendencia, ha de procurar persistir en un comportamiento equilibrado que se imponga como consecuencia de su madurez personal.

Posibles características de personas con tendencia inhibida/evasiva:

- No saben hacer respetar sus derechos cuando otros intentan dominarles, dando lugar a que su comportamiento vaya en función de agradar y satisfacer a los demás.
- Suelen tener tendencia a sentirse víctimas, mostrándose frustrados, ansiosos y retraídos.
- Sus conductas se caracterizan por:

  — **Respuestas no verbales:** mirada hacia abajo, gestos desvalidos, vacilaciones, risa nerviosa, postura hundida, etc.

— **Respuestas verbales**: tono de voz bajo, términos como «supongo», «es posible», «no estoy seguro», etc.

Posibles características de personas con tendencia insistente/invasiva:

- Tienden a no respetar los derechos de los demás.
- Intentan conseguir sus objetivos a expensas de otros.
- Se defienden atacando.
- Sus conductas se caracterizan por:

    — **Respuestas no verbales**: mirada fija, gestos prepotentes, posturas arrogantes, etc.
    — **Respuestas verbales**: tono de voz alto, lenguaje fluido, términos como «ten cuidado», «te lo advierto», «lo que debes hacer es…» etc.

Posibles características de personas con tendencia asertiva/equilibrada:

- Se hacen respetar y respetan asimismo los derechos de los demás.
- Se sienten bien consigo mismos, con confianza y capacidad de elección.
- Sus conductas se caracterizan por:

    — **Respuestas no verbales**: mirada directa a los ojos, gestos firmes, postura erguida y relajada, etc.
    — **Respuestas verbales**: tono de voz conversacional, mensajes en primera persona, verbalizaciones positivas, respuestas directas, términos tales como «quiero», «pienso que…», «considero que…», etc.

Nota: plantearse de forma habitual el comportamiento asertivo facilitará, sin duda:

- Resolver mejor las dificultades.
- Experimentar relaciones agradables.
- Experimentar satisfacción en los encuentros.
- Experimentar control personal y relajación.
- Posibilitar nuevas oportunidades.

Capítulo III
A modo de conclusión
Incorporación personal de claves y principios

Plan de vida

Entendemos por plan de vida la incorporación de acciones adecuadas y dosificadas, ordenadas en el tiempo y ajustadas a las necesidades de cada persona y a la evitación de acciones nocivas y de consecuencias no adecuadas.

A nivel cotidiano, un plan de vida tiene que ver con qué hacer de forma correcta, desde la hora de levantarse hasta la hora de ir a dormir. Se trata, por tanto, de atender a las necesidades orgánicas, intelectuales, afectivas y espirituales teniendo en cuenta que cada sujeto tiene una forma peculiar de evolución y una diferente dosificación a la hora de administrar nutrientes.

A la hora de plantearnos la incorporación de ingredientes de cara a conseguir una puesta en forma hemos de retomar las necesidades, tanto a nivel físico como a nivel intelectual y afectivo.

Para ello, presentamos unas planillas en las que indicaremos en qué nivel de incorporación se han tenido en cuenta tales nutrientes a lo largo de nuestra vida y en las últimas semanas.

La puntuación se puede realizar de la siguiente forma:

En las casillas del 1 al 10 podemos señalar con una **X** la media de incorporación que consideramos hemos tenido en cuenta a lo largo de nuestra vida y con una **O** el nivel de incorporación que hemos tenido en estas últimas semanas.

A partir de ahí nos propondríamos incorporar cada uno de tales nutrientes a un nivel como mínimo de 6-7 puntos, lo que daría como resultado un nivel alto de satisfacción, así como un importante equilibrio personal.

Planilla de puntuación nivel físico.

Respiración	1	2	3	4	5	6	7	8	9	10
Ambiente libre de polución.										
Discernimiento.										
Sentido común.										

Referentes externos	1	2	3	4	5	6	7	8	9	10
Referenciales.										
Orientadores.										
Asesores.										
Indicadores.										
Guías.										

Disciplina.	1	2	3	4	5	6	7	8	9	10
Fuerza de voluntad.										

Sexualidad.	1	2	3	4	5	6	7	8	9	10
Principios morales-éticos.										

Sabiduría: conceptos de evidencia.	1	2	3	4	5	6	7	8	9	10
Saber diferenciar realidad y verdad.										
Evitar prejuicios.										
Comunicación correcta.										

Coherencia.	1	2	3	4	5	6	7	8	9	10
Actuar acorde a las creencias.										

Asertividad.	1	2	3	4	5	6	7	8	9	10
Concordancia pensamiento, emoción y resultado correcto.										

Vivir el presente.	1	2	3	4	5	6	7	8	9	10
Respiración consciente.										
Momentos de parada.										
Hacer el duelo al pasado.										

Planilla de puntuación nivel intelectual.

Capacidad intelectual.	1	2	3	4	5	6	7	8	9	10
Nivel de instrucción.										
Discernimiento.										
Sentido común.										

Referentes externos.	1	2	3	4	5	6	7	8	9	10
Referenciales.										
Orientadores.										
Asesores.										
Indicadores.										
Guías.										

Disciplina	1	2	3	4	5	6	7	8	9	10
Fuerza de voluntad.										

Sexualidad.	1	2	3	4	5	6	7	8	9	10
Principios morales-éticos.										

Sabiduría: conceptos de evidencia.	1	2	3	4	5	6	7	8	9	10
Saber diferenciar realidad y verdad.										
Evitar prejuicios.										
Comunicación correcta.										

Coherencia	1	2	3	4	5	6	7	8	9	10
Actuar acorde a las creencias.										

Asertividad	1	2	3	4	5	6	7	8	9	10
Concordancia pensamiento, emoción y resultado correcto.										

Vivir el presente.	1	2	3	4	5	6	7	8	9	10
Respiración consciente.										
Momentos de parada.										
Hacer el duelo al pasado										

Ejercitar la capacidad.	1	2	3	4	5	6	7	8	9	10
Actuar con conciencia y atención.										
Doble atención.										
No dar paso a pensamientos negativos.										
Visualizarse en positivo.										
Expresarse con claridad y en positivo.										

Motivación.	1	2	3	4	5	6	7	8	9	10
Propósito-finalidad-razón última.										
Objetivos, sueños.										
Metas-esfuerzo dosificado.										

Planificar y estructurar.	1	2	3	4	5	6	7	8	9	10
Agenda.										
Priorizar desde lo necesario y emergente.										
Tiempo diario para revisión y planificación.										

Actividades.	1	2	3	4	5	6	7	8	9	10
Estudiar-leer.										
Escuchar música.										
Asistir a actividades culturales.										
Participar en actividades artísticas.										

Planilla de puntuación a nivel afectivo.

Capacidad intelectual.	1	2	3	4	5	6	7	8	9	10
Nivel de instrucción.										
Discernimiento.										
Sentido común.										

Referentes externos.	1	2	3	4	5	6	7	8	9	10
Referenciales.										
Orientadores.										
Asesores.										
Indicadores.										
Guías.										

Disciplina.	1	2	3	4	5	6	7	8	9	10
Fuerza de voluntad.										

Sexualidad.	1	2	3	4	5	6	7	8	9	10
Principios morales-éticos.										

Sabiduría: conceptos de evidencia.	1	2	3	4	5	6	7	8	9	10
Saber diferenciar realidad y verdad.										
Evitar prejuicios.										
Comunicación correcta.										

Coherencia.	1	2	3	4	5	6	7	8	9	10
Actuar acorde a las creencias.										

Asertividad.	1	2	3	4	5	6	7	8	9	10
Concordancia pensamiento, emoción y resultado correcto.										

Vivir el presente.	1	2	3	4	5	6	7	8	9	10
Respiración consciente.										
Momentos de parada.										
Hacer el duelo al pasado.										

Ejercitar la capacidad.	1	2	3	4	5	6	7	8	9	10
Actuar con conciencia y atención.										
Doble atención.										
No dar paso a pensamientos negativos.										
Visualizarse en positivo.										
Expresarse con claridad y en positivo.										

Motivación.	1	2	3	4	5	6	7	8	9	10
Propósito-finalidad-razón última.										
Objetivos, sueños.										
Metas-esfuerzo dosificado.										

Planificar y estructurar.	1	2	3	4	5	6	7	8	9	10
Agenda.										
Priorizar desde necesario y emergente.										
Tiempo diario para revisión y planificación.										

Actividades.	1	2	3	4	5	6	7	8	9	10
Estudiar-leer.										
Escuchar música.										
Asistir a actividades culturales.										
Participar en actividades artísticas.										

Planificación

Cualquier actividad que emprendamos en la vida requiere una planificación previa. Antes de iniciar las vacaciones sabemos dónde vamos a ir, cómo y cuándo; antes de iniciar un trabajo, si queremos que sea rentable, estudiamos cuidadosamente el proyecto y hacemos un análisis de las actividades que conlleva y del tiempo de dedicación que requiere. Sin embargo, olvidamos con frecuencia que el proyecto más importante en el que participamos los seres humanos, la vida, requiere también planificación.

Muchas personas incluso manifiestan cierto rechazo ante la idea de la planificación, pues la viven como una imposición inflexible que no deja lugar a la espontaneidad.

A continuación vamos a exponer qué entendemos por planificación de vida, cómo debe llevarse a cabo y cuáles son los pasos necesarios para una planificación adecuada.

En qué consiste la planificación

En primer lugar, es necesario entender que la planificación no es sometimiento a nada ni a nadie, es por el contrario la única forma que tenemos de poder ser protagonistas de nuestras propias vidas. Ahora bien, la planificación necesita asesoría. Como en cualquier otro proyecto importante, son necesarios la aprobación, el consejo y el apoyo de un experto que, además de sus conocimientos, aporte una visión objetiva.

En segundo lugar, la planificación es lo que «necesariamente hay que hacer», debemos tener en cuenta que esta no es una entelequia y que para que dé resultados ha de ir acompañada de acciones.

Debe ser integral, no puede olvidar ninguna faceta de la persona. Siendo así, la planificación es la garantía del desarrollo.

Las actividades que se diseñan en la planificación deben ir dirigidas a conseguir metas concretas que a su vez sirvan a objetivos a más largo plazo, es decir han de enfocarse en la consecución de los propios anhelos y sueños.

La planificación tiene tres fases diferentes y sucesivas: planificación, programación y temporalización, que deben seguirse por este orden.

- **Planificar:** es prever de qué forma se introducen en la vida los elementos necesarios para el desarrollo personal óptimo. Antes de planificar es necesario tener claro el proyecto.

  Nuestros proyectos de vida deben ir encuadrados en un programa más amplio, que no es otro que lograr desarrollar al máximo la libertad, integridad, solidaridad y amor que son la esencia misma del ser humano. Para desarrollar tales valores son necesarios siete bloques de ingredientes: independencia económica, valía, rentabilidad, equilibrio, aprendizaje, relaciones y gratuidad.

  A su vez, para que estos ingredientes puedan incorporarse, es necesario que los «canales de absorción» (físico, intelectual, afectivo y espiritual) estén libres de impedimentos.

A la hora de planificar habrá que tener en cuenta:

— Que los proyectos deben contener, necesariamente, los siete bloques de ingredientes.

— Que habrá que programar actividades para retirar impedimentos de los niveles de la estructura de la personalidad.

El primer paso antes de iniciar la planificación sería ver en qué proyectos se está interviniendo, qué ingredientes necesarios requiere cada uno y en qué cuantía. En caso de que algún ingrediente no esté presente o haya alguna dificultad en un canal de absorción, ver qué actuación planifico para cubrirlo o qué impedimento se debe eliminar.

- **Programar:** consiste en priorizar las tareas dosificando los elementos necesarios de acuerdo a la capacidad personal y las necesidades concretas.

Cuando la planificación está hecha se prioriza tratando de ver qué actividades se inician y cuál va a ser la secuencia de las mismas.

Al priorizar las actividades se han de tener en cuenta criterios que atiendan a todos los niveles, todos los bloques de ingredientes y las capacidades personales.

- **Temporalizar:** es el paso final. Es poner un horario y ver de qué modo distribuimos el tiempo para que todo lo necesario tenga cabida en el día a día de acuerdo a las prioridades establecidas en la programación.

El horario debe respetarse; ahora bien, no se trata de ser un esclavo del mismo, hay ocasiones en las que un emergente modifica la programación, pero eso no supone una interrupción de la misma.

En cuanto a cuáles son los acontecimientos que pueden cambiar la programación conviene recordar que hay tres tipos de situaciones:

- **Necesarias:** son las situaciones que irremediablemente hay que afrontar.

- **Emergentes:** son situaciones necesarias que no estaban planificadas. Un emergente interrumpe la planificación, o más bien el horario, pero una vez que este ha sido superado podemos continuar con nuestros planes.

- **Urgentes:** son todas aquellas situaciones que nos vienen impuestas desde fuera. Responden bien al capricho propio o ajeno y por ello no pueden ser consideradas necesarias.

Podríamos concluir diciendo que para planificar en salud es necesario tener la convicción de que, realmente, el ser humano merece ser feliz porque nace libre, íntegro, solidario y en amor.

Listado de intereses personales

Listado de actividades que deseo que estén presentes en mi vida.

Con una **X** marco las actividades cuantificables y medibles que vengo realizando ya.

Con una **O** marco las actividades cuantificables y medibles que dependen de mí y no estoy realizando.

Separo las que no son cuantificables y medibles.

Separación de dos listados

Lo que considero necesario (no negociable)

— Descanso, dormir.

— Ejercicio físico.

— Descanso no incluido en el sueño.

— Tener una alimentación adecuada; dieta personalizada.

— No consumir tóxicos.

— Hidratación; beber agua diariamente (1 litro por cada 35 kilos de peso aproximadamente).

— Tener un ambiente libre de polución.

— Cuidado del entorno; mantener higiene en el hogar, tener orden, etc.

— Mantener una higiene corporal diaria.

— Hidratar la piel; cremas, mascarillas, etc.

— Tomar conciencia de la postura corporal.

— No agredir ni que me agredan.

— Retirarme de lo sensitivamente desagradable.

— Ser coherente (concordancia entre sentimiento, pensamiento y resultado).

— Sentirme válido y rentable.

— Tomar conciencia de la respiración.

— No hablar mal de terceras personas.

— Tener relaciones de iguales.

— Caminar rápido media hora diariamente.

— Recibir y dar caricias sensitivas.

— Tener tiempo personal y exclusivo.

— Tener una actitud positiva.

— No someterme.

— No quejarme.

— Tener relaciones de pareja.

— Tener personas incondicionales.

— Atención sanitaria: curativa y preventiva.

— Evitar las relaciones que no me agradan.

— Hacer el duelo al pasado.

— Ser autónomo. No depender de nadie.

— Tener relaciones de filiación (recibir)

— Tener relaciones paritarias (intercambiar).

— Planificar encuentros.

— Respetar; no herir.

— Relacionarme mediante proyectos.

— Acercarme a las personas de forma atractiva.

— Pedir lo que necesite.

— Relacionarme con personas excedentes.

— Cuidar a quien me atiende.

— Tener relaciones de entrega (aportación); dar en gratuidad.

— Tomar conciencia de mi cuerpo diariamente.

— Querer incondicionalmente a otro.

— Mantener una relación positiva conmigo mismo.

— Manifestar mis sentimientos; pedir y dar afecto.

— Estar en compañía de quien me agrade.

— No mezclar relaciones de grupo con relaciones de par.

— Mantenerme en contacto con amigos y conocidos.

— Relacionarme desde el momento presente.

— Tener relaciones de amistad.

— Tener relaciones familiares.

— Ampliar mi aprendizaje de conceptos básicos.

— Tener asesores profesionales.

— Establecer y cumplir proyectos.

— Reencontrarme a diario conmigo mismo, aceptarme, perdonarme y quererme.

— Momentos de parada (a intervalos fijos o al cambiar de actividad).

— Pertenecer a un grupo.

— Tener referentes externos; referenciales, orientadores, asesores, indicadores, guías, etc.

— Moverme por conceptos de evidencia; evitar prejuicios, comunicarme correctamente.

— Tener motivaciones claras, propósitos, objetivos y metas.

— Crecer a nivel espiritual.

— Manejar estrategias de relación.

— Planificar mi tiempo y mis actividades; priorizar en razón de lo necesario o de lo emergente, nunca de lo urgente.

— Tener tiempo diario para la revisión y planificación.

— No dejarme temas pendientes.

— Vivir el presente.

— Ser asertivo/a; tener concordancia entre sentimiento, pensamiento y resultado correcto.

— Actuar con consciencia y atención.

— No dar paso a pensamientos negativos.

— Expresarme con claridad y solo en positivo.

— Tener desarrolladas mis capacidades.

Actividades restantes

— Meditar.

— Recibir masajes.

— Comer despacio.

— Conocer más gente.

— Llevar ropa y calzado cómodo.

— Desarrollar mis sentidos:

    — Vista: discriminar formas y colores y contemplar la naturaleza.

    — Olfato: discriminar olores y utilizar perfumes.

    — Oído: eliminar ruidos y discriminar detalles.

    — Gusto: consumir comidas y bebidas agradables.

    — Tacto: tocar objetos agradables, otras personas y mi propio cuerpo.

— Llevar agenda.

— Mantener relaciones sexuales.

— Viajar, conocer otras culturas y otros lugares.

— Leer la prensa y estar al día de los temas de actualidad.

— Ir al cine, al teatro, escuchar música, ir a conciertos, participar en actos culturales, etc.

— Juegos mentales (que ejerciten el raciocinio, la coordinación y la creatividad).

— Aprender idiomas.

— Lecturas amenas.

— Dedicar poco tiempo a ver la televisión.

— Asistir a conferencias y tertulias.

— Tener correspondencia escrita.

Agrupación por bloques de lo necesario

Nivel físico-sensitivo

— Descansar; dormir.

— Ejercicio físico.

— Tener una dieta personalizada.

— Caminar rápido diariamente durante media hora.

— Atención sanitaria: curativa y preventiva.

— Descanso no incluido en el sueño.

— Cuidar del propio entorno; tener higiene en el hogar, tener orden, etc.

— Mantener una higiene corporal diaria.

— Hidratar la piel; cremas, mascarillas, etc.

Nivel intelectual

— Planificar encuentros.

— Ampliar el aprendizaje de conceptos básicos.

— Momentos de parada (a intervalos fijos o al cambiar de actividad).

— Planificar mi tiempo y mis actividades priorizando en razón de lo necesario y de lo emergente, nunca de lo urgente.

— Dedicar tiempo a diario para la revisión y planificación.

Nivel afectivo-relacional

— Relacionarme con personas excedentes.

— Tener relaciones de filiación.

— Mantenerme en contacto con amigos y conocidos.

— Tener relaciones paritarias (intercambiar).

— Dedicarme un tiempo personal y exclusivo para reencontrarme conmigo mismo, aceptarme y perdonarme.

— Tener referentes externos; referenciales, orientadores, guías, asesores, indicadores, etc.

— Tener relaciones de iguales.

— Cuidar a quien me atiende.

— Tener relaciones de entrega (aportación); dar en gratuidad.

— Pertenecer a un grupo; asociarme.

Priorizar por bloques en relación a la emergencia de temas

Recordemos que hay tres bloques:

- **Nivel físico-sensitivo.**
- **Nivel intelectual.**
- **Nivel afectivo-relacional.**

Temporalización

Tiempo asignado a cada actividad

— Nivel físico-sensitivo.

— Nivel intelectual.

— Nivel afectivo-relacional.

Ordenamiento horario

En este apartado vamos a tratar de organizar las actividades necesarias a lo largo de cada día incorporándolas en un horario completo, desde el momento de levantarse hasta la hora de ir a dormir. Se trata, por tanto, de dar un espacio y un tiempo a cada una de tales actividades que habrán de nutrir cada uno de los niveles que configuran nuestras necesidades, físicas, intelectuales, afectivas y espirituales.

Estas actividades son realmente los nutrientes que cada persona necesita y por tanto han de dosificarse en relación a las capacidades y necesidades de cada persona.

De todas formas, cuando se inicia un plan de vida, el horario de incorporación de actividades ha de estar sujeto a posibles modificaciones, pues se debe de comprobar durante un tiempo si el horario que se ha previsto es realmente el más conveniente. De no ser así, se sugieren cambios hasta llegar a ese orden que realmente satisfaga y cubra las necesidades del sujeto, pues el bienestar personal es siempre subjetivo.

Para poder plantear un plan de vida donde las necesidades de orientación estén incluidas en las actividades cotidianas, hemos de referirnos a aquellas acciones que tienen que ver con una adecuada organización horaria.

Plan de vida

Guión de lo necesario (no negociable) que no requiere horario y quiero que esté en mi vida: actitudes, consecuencias

Nivel físico-sensitivo

Este tipo concreto de actividades se incluyen en este listado porque a pesar de ser medibles en cantidad, no lo son en cuanto al tiempo específico de implantación en un horario.

— Hidratación, beber agua diariamente (1 litro por cada 35 kilos de peso aproximadamente).

— No consumir tóxicos.

— Retirarme de lo sensitivamente desagradable.

— Tomar conciencia de la respiración.

— Tomar conciencia de la postura corporal.

— Llevar ropa y calzado cómodo.

— Tener ambientes libres de polución.

— Recibir y dar caricias sensitivas.

— Acercarme a las personas de forma atractiva.

Nivel intelectual

— Establecer y cumplir proyectos.

— Tener referentes externos; referenciales, orientadores, asesores, indicadores, guías.

— Tener motivaciones claras, propósitos, objetivos y metas.

— Crecer a nivel espiritual.

— Momentos de parada a intervalos fijos o al cambiar de actividad).

— Moverme por conceptos de evidencia, evitar prejuicios y comunicarme correctamente.

— Ser coherente (concordancia ente sentimiento, pensamiento y resultado).

— Sentirme válido/a y rentable.

— Tener una actitud positiva.

— Hacer el duelo al pasado.

— Ser asertivo/a; tener concordancia entre sentimiento, pensamiento y resultado correcto.

— Desarrollar mis capacidades como fin o propósito.

— No dejar temas pendientes.

— Vivir el presente.

— Actuar con consciencia y atención.

— No dar paso a pensamientos negativos.

— Expresarme con claridad y solo en positivo.

— Ser autónomo/a; no depender de nadie.

— Relacionarme mediante proyectos.

— Pedir lo que necesite.

— Mantener una relación positiva conmigo mismo/a.

Nivel afectivo-relacional

— Tener personas incondicionales.

— Manifestar mis sentimiento y pedir y dar afecto.

— No someterme.

— No quejarme.

— Estar en compañía de quien me agrade.

— No agredir ni dejar que me agredan.

— Relacionarme desde el momento presente.

— No hablar mal de terceras personas.

— Mantener una relación positiva conmigo mismo/a.

— Evitar las relaciones que no me agradan.

— Respetar y no herir.

— Relacionarme mediante proyectos.

— Acercarme a las personas de forma atractiva.

— Pedir lo que necesite.

— Querer incondicionalmente a otras personas.

— Relacionarme con personas excedentes.

— Cuidar a quien me atiende.

— Manejar estrategias de relación.

— No mezclar relaciones de grupo con relaciones de par.

Plan de alimentación
Relación de menús, etc.

Por todos es sabido que la salud tiene que ver con una buena alimentación, o al menos eso es lo que se nos ha venido diciendo desde pequeños. Sin embargo, encontramos que los alimentos que ingerimos no siempre llevan los nutrientes más adecuados, por lo cual hemos de prestar atención a qué, cómo y cuándo comemos.

De ahí que se haga imprescindiblemente necesario un plan de alimentación en el que se tenga en cuenta el número de ingestas al día (la mayoría de los expertos sugieren cinco tomas) y la calidad de los productos, intentando que sean lo más naturales posibles, sin contaminantes ni conservantes.

Ante la duda de saber elaborar la planificación correcta sugerimos asesorarse por expertos en el tema.

Revisión y evaluación continua del plan de vida

Dedicar un tiempo al día para atenderse uno a nivel personal.

Algunas sugerencias:

- Dedicar unos minutos a la respiración abdominal consciente y a continuación hacer diez minutos de meditación no reflexiva. Este trabajo supone «ir entero» con el cuerpo, la cabeza y los sentimientos en orden.
- Dedicar unos minutos a la lectura de textos de desarrollo personal, los cuales permiten disponer de referentes externos. Los textos recomendados pueden ser consensuados con un asesor.
- Trabajar la autonomía. Este trabajo se compone de los siguientes pasos:

  — Revisar el guión de necesidades en los tres niveles.
  — Revisar los contratos de convivencia a nivel de trabajo, familia y amigos.
  — Revisar la planificación del día anterior.

- Aceptarse y reconciliarse con uno mismo, así como elaborar los duelos correspondientes.
- Planificar el día siguiente.

Compromiso de ejecución al 100%

Cuando una persona se compromete, tiene que tener seguridad, convencimiento, decisión y resultado previo (exige creer totalmente en ello). Cuando el plan de vida se ha ejecutado al 100%, con disciplina, y se ha obtenido un evidente beneficio, es el momento de adquirir el compromiso de llevarlo a cabo de forma continua.

Me comprometo cuando «sé que no fallo».

Tengo la seguridad de que esa actividad que voy a desarrollar va conmigo y me beneficia.

No es una imposición (al contrario de lo que socialmente se cree), sino una decisión consciente y voluntaria por el beneficio previo obtenido.

Conclusiones. Desarrollo integral del ser humano

La correcta ejecución de un plan de vida dará lugar a satisfacción y equilibrio en cada uno de los aspectos de la estructura de personalidad haciendo que nos sintamos en forma. Este sentirse en forma es el punto de partida para poder adentrarnos en una intervención en el medio.

En el cuerpo, la satisfacción y el equilibrio tienen que ver con lo que entendemos por un estado perenne de **salud**.

A nivel intelectual, el grado más alto tiene que ver con el despertar de la **sabiduría.**

En el nivel afectivo, la aspiración de todo ser humano es desarrollarse en el **amor.**

Finalmente, en el nivel espiritual el ser humano requiere experimentar la **dignidad y grandeza** que lo configuran.

De ahí que para intervenir en el medio de manera fiable, todo ser humano haya de experimentar la unificación de salud, sabiduría, amor y grandeza interna. Dicha unificación es lo que da lugar al desarrollo integral que todo ser humano merece.

Capítulo IV
Proyectos de intervención en el medio
Mi capacidad al servicio

Como hemos venido comprobando en los anteriores apartados, el desarrollo personal consiste, en primer lugar, en tener un conocimiento exhaustivo de qué es realmente un ser humano, qué lo configura y cuáles son sus necesidades y sus funciones.

Pero teniendo en cuenta que ningún ser humano se repite, hemos de respetar un desarrollo singular en cada sujeto, para lo cual se hace necesario un plan de acción adecuado a las características peculiares de cada uno.

Para intervenir en el medio hemos de incorporar los adecuados ingredientes de desarrollo a nuestra vida: economía, valía, rentabilidad, descanso, aprendizaje, relaciones y amor. Todo aquello que se emprenda sin estar cubierto se hará en función de la carencia. Es necesario que no seamos el propio impedimento, que los canales de recepción estén libres.

Será necesario además tener un por qué, un propósito claro y saber dónde vamos antes de intervenir.

Llevar a cabo un plan de vida con una firme disciplina da lugar a encontrarnos en forma y a alcanzar la mejor versión de nosotros mismos. Nos situamos así en una posición de valía y con capacidad para intervenir en los entornos que nos rodean. En definitiva el ser humano se pone al servicio de la vida.

De ahí que en esta tercera parte planteemos una serie de actividades y proyectos que facilitarán el desarrollo de una vida atractiva que nos permita disfrutar al máximo.

Proyecto personal
Proyecto colectivo

Podemos deducir que todo individuo, como ser humano que es, requiere que su estado personal y su modo de vida concuerden con los valores y principios que desea impartir.

Entendemos como proyecto personal aquel proyecto que sirve para experimentar el bienestar propio y como proyecto colectivo aquel en el que se participa con otros y que presupone capacidad de servicio que se adquiere cuando uno se encuentra en situación de abundancia y excedencia.

Por tanto, proyecto personal equivale a «da vida a mi servicio» frente al «yo al servicio de la vida» del proyecto colectivo.

Cuando una persona conoce y practica las actividades necesarias para su máximo desarrollo, se encuentra en disposición de poder intervenir en una serie de proyectos que vayan más allá del interés personal. Así podemos entender que la función de todo ser humano no tiene como fin su bienestar individual, sino que ese bienestar subjetivo es el punto de partida para poder intervenir en lo que realmente es su misión: mejorar el mundo que le rodea y construir una sociedad que facilite un desarrollo colectivo. El fin último de nuestra sociedad es el de sumar las capacidades individuales para conseguir un alto nivel de unificación.

Trabajo en equipo

El trabajo en equipo presenta características que difieren de las del trabajo individual. Algunas de estas características están en relación con las distintas capacidades y ritmos de cada componente del grupo.

Habrá que tener en cuenta que:

- No se debe iniciar el trabajo hasta que todos lo hayan comprendido.

- El ritmo del grupo debe entenderse que va en relación al ritmo de los más lentos; de esta manera el grupo se sentirá seguro y no se darán retrocesos tras avances aparentes.

- Cada persona ha de disponer del tiempo necesario que le permita «hacer suya la tarea»; nadie puede caminar a remolque de otro.

- Es necesario que exista coordinación y lenguaje común entre los distintos componentes del grupo.

- Cada uno pone sus capacidades al servicio de los otros, y a este respecto habrá que tener en cuenta que no siempre el que más sabe es el que mejor enseña.

- Las indicaciones debe marcarlas la evidencia, no la mayoría.

Pasos a cumplir en el trabajo en equipo:

- **Tener un proyecto común**: no es posible iniciar una tarea sin una dirección definida ni un objetivo concreto.

- **Lenguaje común**: antes de comenzar la tarea grupal es necesario asegurarse de que todos los miembros del equipo entienden lo mismo.

- **Coordinación**: alguien debe encargarse de proponer las directrices y coordinar los esfuerzos de todos.

- **Reparto de tareas**: no todas las personas pueden, ni deben, hacer lo mismo; cada uno debe actuar según sus intereses y capacidades.

- **Desarrollo personal del trabajo**: el esfuerzo individual en cada tarea correspondiente es ineludible. Nadie puede esperar que el trabajo que le corresponde sea realizado por otro.

- **Puesta en común**: las tareas individuales deben exponerse al grupo en un tiempo prefijado para su puesta en común. De este modo puede efectuarse la evaluación de las tareas y obtenerse las conclusiones pertinentes y la retroalimentación.

A la hora de plantearnos la configuración de un equipo se han de tener en cuenta las condiciones afectivas que cada miembro experimentó en su infancia. Recordemos las causas que un desajuste afectivo pueden provocar en la relación del equipo:

- **Ausencia parental**: los miembros que procedan de contextos con esta característica presentarán falta de orientación; esta ausencia de referenciales se deja sentir a nivel sensitivo y afectivo. Las personas con ausencia parental no tienen experiencia de vínculo y no saben establecerlo. A la hora de trabajar con este tipo de compañeros hay que tener en cuenta que no se dejan orientar fácilmente y que por sí solos tienen dificultades para estructurar sus vidas.

Las personas autodidactas actúan según su propio entender, sus fuentes de información están tan dispersas que se difuminan y no reconocen ninguna figura de autoridad.

Sus proyectos personales no tienen referencia ni dirección, lo que les impide evaluar desde una perspectiva objetiva; el proyecto empieza y termina en ellos mismos, pues no tienen raíces. Es muy posible que todas esas dificultades las trasladen al trabajo en equipo. Se guiarán exclusivamente por planteamientos teóricos evidentes, sin incorporar elementos afectivos.

- **Abandono o dejación de funciones**: los miembros de un equipo que procedan de situaciones de abandono habrán tenido experiencias de vínculo, pero en un momento dado sufrieron dejación de funciones. Por ese motivo, el abandonado desconfía siempre. Estos individuos estarán siempre pendientes del más mínimo fallo que puedan cometer los que ejerzan el liderazgo en el equipo con el fin de poder justificar así su suspicacia.

A la hora de trabajar en equipo con personas que han sufrido abandono hay que tener en cuenta que estas requieren una atención especial que, de alguna forma, restituya todo aquello que no recibieron. Sin embargo hay que ser firmes con ellos y no permitir que sus carencias perjudiquen al funcionamiento del equipo.

- **Desclasamiento**: se produce cuando el medio acepta y acoge pero queda pronto insuficiente. Son personas que poseen un mayor nivel sociocultural o económico que sus padres y que no terminan de encajar en ningún medio.

En el trabajo en equipo suelen manifestarse como autodidactas y en ocasiones como resentidos e hiperresponsables.

En la configuración de equipos, las personas desclasadas, si bien desconfían en un principio, cuando se entregan son buenos colaboradores, pues suelen ser personas disciplinadas que no evitan el esfuerzo

- **Roles cruzados**: se produce cuando, en los roles parentales, las funciones de acogida y orientación provienen de la figura parental, lo cual no concuerda con lo que se observa en la sociedad. También puede darse en personas en las que hay poca presencia de una de las figuras parentales, asumiendo la otra figura ambos roles. En los equipos es posible que este tipo de personas muestren indecisión y tiendan a no acabar lo que empiezan. En el caso de los hombres, estos además suelen adolecer de firmeza.

Revisión y puesta a punto

A la hora de intervenir en el medio es necesario constatar que se han incorporado los nutrientes que dan lugar a un alto grado personal de puesta en forma.

La tarea que corresponde a partir de ahí consiste en saber utilizar nuestras potencialidades al punto de que la propia acción sea satisfactoria en sí misma. En esta etapa de entrega a disposición del medio, el ser humano disfruta no solo cuando el proyecto ha finalizado, sino que le resulta altamente satisfactorio el proceso de construcción.

> *"La vida no es un puerto de destino, es una forma de disfrutar el camino".*

Es conveniente repasar las planillas que a continuación se exponen y comprobar hasta qué punto se está preparado para actuar consciente y libremente sin arrastrar carencias.

Preparación para ser agente de cambio

Incorporar lo positivo y eliminar lo negativo

Una vez que hemos comprendido qué supone un desarrollo personal que conduce al equilibrio y satisfacción, proponemos una forma de enfocar nuestro día a día.

Consiste en retomar todos los aspectos positivos y adecuados que hemos experimentado hasta el día de hoy y de forma consciente y voluntaria, y siempre que dependan de nosotros y puedan ser repetibles, y configurar en nuestro día a día actividades que los potencien.

Ejemplo de sintomatología positiva:

Sintomatología positiva		
Nivel físico	Nivel intelectual	Nivel afectivo
Gozo.	Alegría.	Alegría.
Naturaleza.	Claridad mental.	Amor.
Belleza.	Orden exterior/organi-	Gozo.
Tono vital.	zación.	Relaciones/provocar
Higiene.	Motivación.	encuentros.
Estética/gusto al verme.	Planes.	Emoción.
Piel bien.	Atrevimiento.	Rentabilidad.
Sonrisa/risa.	Espontaneidad.	Ganas de vivir.
Postura adecuada.	Receptividad.	Fuerza.
Notar que respiras.	No queja.	Armonía.
Sexo/hacer el amor.	No juicio.	Ilusión.
Caricias/besos/contacto	Buen humor.	Paz.
físico.	Estar en función de mí.	Gratuidad.
Descanso.	Buen rendimiento.	Agradecimiento.
Saborear la comida.	Rentabilidad.	Complicidad.
Beber agua.	Apertura.	Vibración.
Rascarse.	Espiritualidad.	Disfrutar de la natura-
Desperezarse.	Armonía.	leza.
Bailar.	Ilusión.	Tranquilidad.
Saltar en la cama.	Creatividad.	Buen humor.
Dibujar.	Disfrute.	Receptividad.
Armonía.	Vitalidad.	Excitación.
Disfrute.	Pérdida de la imagen.	Satisfacción.
Vitalidad.	Capacidad intelectual.	Abrazos.
Vibración.	Instrucción.	Disfrutar.
Energía.	Autoconcepto.	Sentir la acogida
Peso adecuado.	Sentido práctico.	Utilizar de almohada la
Deporte.	Disciplina.	barriga de alguien.
Fuerza.	Estructura.	
Sueño placentero.	Confianza.	
Gritos de liberación.	Ingenio/ironía.	
Excitación.	Independencia.	
Ver deportes.	Capacidad de supera-	
Jugar.	ción.	
Relajar esfínter.	Lectura.	
Relajar genitales.	Cine.	
Cuidado sensitivo/ba-	Tranquilidad.	
ñarse en la piscina de un	Tiempo propio.	
balneario.	No esfuerzo.	
Cantar.	Excitación.	
Masajes.	Seguridad.	
	Aprendizaje.	

Estos síntomas se recogen en un listado personalizado que incluye toda nuestra experiencia hasta el día de hoy.

También se han de tener en cuenta los síntomas positivos que se han ido experimentando a lo largo de las últimas semanas.

De igual manera elaboraremos un listado de todos los síntomas negativos o situaciones desagradables que han ido apareciendo a lo largo de nuestro día a día.

Ejemplo de sintomatología negativa:

Sintomatología negativa		
Nivel físico	Nivel intelectual	Nivel afectivo
Agotamiento.	Agresividad.	Aislamiento relacional.
Alergias: polvo, olivo, frutos secos.	Agresividad contenida.	Altibajos emocionales.
Alimentación desorganizada/inapetente/excesiva.	Altibajos emocionales.	Baja autoestima.
Amnesia lacunar.	Angustia.	Bajo autocontrol.
Ansiedad.	Apatía.	Confusión en el eje relacional.
Antecedentes de consumo de sustancias.	Bajo nivel de instrucción.	Debilidad.
Apendiceptomía.	Búsqueda de reconocimiento.	Demandas.
Asma.	Complejos.	Dependencia.
Astenia.	Culpa.	Desgaste (entrega desde la carencia).
Bajo nivel de energía.	Decepción.	Distanciamiento.
Bruxismo.	Desmotivación.	En función de los demás.
Cansancio.	Desorientación.	Frío.
Contracturas musculares.	En función de lo social.	Impersonal.
Crisis de pánico.	Exigencia.	Impulsivo.
Debilidad física.	Falta fuerza de voluntad.	Inestabilidad emocional.
Disminución de peso.	Inflexibilidad.	Infantilismo.
Dolores de cabeza.	Hiperresponsabilidad.	Inhibición.
Tratamientos farmacológicos.	Hipocondría.	Inmadurez.
Fatiga.	Ideas de muerte.	Introversión.
Tabaquismo.	Inseguridad.	Labilidad emocional.
Hernia discal.	Irritabilidad.	No se cubren vínculos.
Infecciones.	Locus de control externo.	No hay experiencias afectivas.
Insomnio	Miedos.	No hay un lenguaje interior.
Llanto.	Mal aprendizaje de valores.	No sentimiento de pertenencia.
Mareos.	Mala introyección de la autoridad.	Respuesta emocional pobre.
Nervios.	Desconfianza.	Sin vida propia.
Operación del riñón.	No se tiene proyecto propio.	Susceptibilidad.
Rasgos agorafóbicos.	Pesimista.	
Rotura de ligamentos.	Poco tolerante	
Sinusitis.	Postura de indefensión	

Nota: estos síntomas se recogen en un listado personalizado que incluya toda nuestra experiencia hasta el día de hoy.

Al igual que con los síntomas positivos, anotamos en otra planilla los síntomas negativos que nos han acaecido a lo largo de nuestra vida y en las últimas semanas y que seguiremos revisando semana a semana para comprobar si se van eliminando a causa de las actividades que hemos incorporado.

Ejes de coordenadas

En estas planillas se irán incorporando semana a semana el número de síntomas, tanto positivos como negativos, para comprobar su evolución.

Se ha de tener en cuenta que con un plan de vida adecuado los síntomas positivos se irán incrementando a la vez que irán desapareciendo los negativos.

● SINTOMATOLOGÍA POSITIVA.   ■ SINTOMATOLOGÍA NEGATIVA.

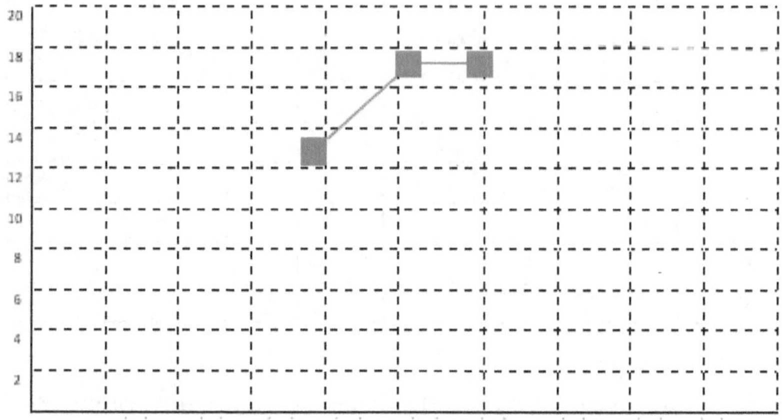

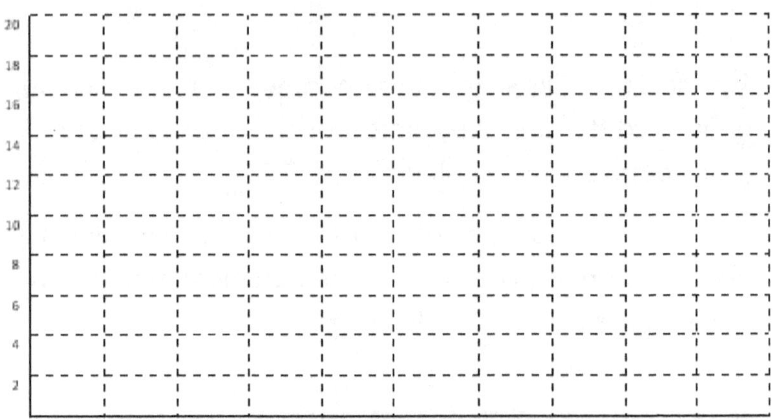

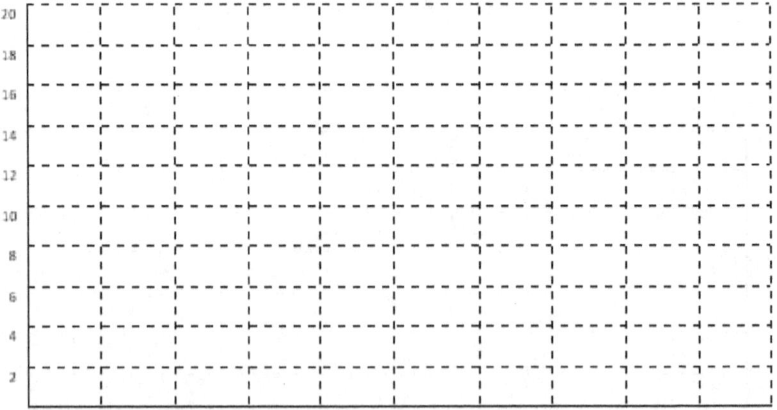

Finalmente, se sumarán el número de síntomas positivos (físicos, intelectuales y afectivos), se añadirá el total de los síntomas negativos (físicos, intelectuales y afectivos) y se trasladarán a una única gráfica que reflejará la evolución, semana a semana, de la sintomatologías a nivel general.

Es previsible que la tendencia normal en un plan de vida ejecutado al 100% sea la de una disminución progresiva de la sintomatología negativa acompañada de un incremento paulatino de la sintomatología positiva.

Campos de interés:

Las siguientes planillas se refieren a los campos de interés que están en relación con los que nos atrae sobre diferentes aspectos de nuestra vida: relaciones (familia, amigos, etc.), actividades culturales, deportivas, artísticas, educativas, sociales, profesionales...

En relación a los campos de interés vamos a detectar cuáles son los proyectos que nos interesa llevar a cabo para poder realizar los deseos (de evitación o de aproximación) que lleven al cumplimiento de los sueños.

Campos de interés

Proyectos a realizar.

Deseos-sueños

Actividades que realizo:

Actividades que desearía realizar:

Confío en que este plan de vida sistematizado pueda ayudarle a encontrar un mayor bienestar consigo mismo y, por tanto, favorecer las relaciones con los demás que, como sabemos, al final es la verdadera fuente de la felicidad. Este ha sido mi objetivo a la hora de escribir estas líneas.

Autores de referencia

Sigmund Freud, *Psicología dinámica.*

Carl Rogers y Fritz Perls, *Psicología humanista.*

Ken Wilber, *Psicología transpersonal.*

Alexander Lowen, *Psicología bioenergética.*

Luong Minh Dang, fundador de la *Escuela Energía Universal.*

Prem Rawat, creador del método para el crecimiento personal *Conocimiento.*

Luis Illá, psiquiatra y profesor en Deusto (Bilbao).

Pedro Villamarzo, psiquiatra director del centro internacional Peñarretama (Madrid).

Jean Ambrosí, psicólogo profesor bioenergético, Universidad de París.

Giuseppe Lanza del Vasto, discípulo de Gandhi, fundador de la *No violencia activa* en Europa

José María Morales, psiquiatra profesor de la Universidad de Murcia.

Autores para la formación

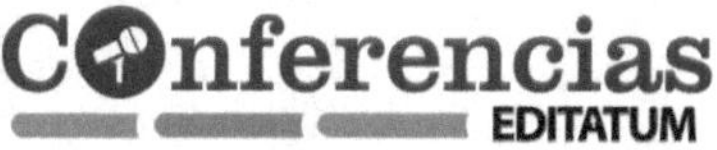

Editatum y **GuíaBurros** te acercan a tus autores favoritos para ofrecerte el servicio de formación GuíaBurros.

Charlas, conferencias y cursos muy prácticos para eventos y formaciones de tu organización.

Autores de referencia, con buena capacidad de comunicación, sentido del humor y destreza para sorprender al auditorio con prácticos análisis, consejos y enfoques que saben imprimir en cada una de sus ponencias.

Conferencias, charlas y cursos que representan un entretenido proceso de aprendizaje vinculado a las más variadas temáticas y disciplinas, destinadas a satisfacer cualquier inquietud por aprender.

Consulta nuestra amplia propuesta en **www.editatumconferencias.com** y organiza eventos de interés para tus asistentes con los mejores profesionales de cada materia.

Nuestras colecciones

Guías para todos aquellos que deseen ampliar sus conocimientos sobre asuntos específicos, grandes personajes, épocas, culturas, religiones, etc., ofreciendo al lector una amplia y rica visión de cada una de las temáticas, accesibles a todos los lectores.

Guías para gestionar con éxito un negocio, vender un producto, servicio o causa o emprender. Pautas para dirigir un equipo de trabajo, crear una campaña de marketing o ejercer un estilo adecuado de liderazgo, etc.

Guías para optimizar la tecnología, aprender a escribir un blog de calidad, sacarle el máximo partido a tu móvil. Orientaciones para un buen posicionamiento SEO, para caulivar desde Facebook, Twitter, Instagram, etc.

Guías para crecer. Cómo crear un blog de calidad, conseguir un ascenso o desarrollar tus habilidades de comunicación. Herramientas para mantenerte motivado, enseñarte a decir NO o descubrirte las claves del éxito, etc.

Guías prácticas dirigidas a la salud y el bienestar. Cómo gestionar mejor tu tiempo, aprenderás a desconectar o adelgazar comiendo en la oficina. Estrategias para mantenerte joven, ofrecer tu mejor imagen y preservar tu salud física y mental, etc.

Guías prácticas para la vida doméstica. Consejos para evitar el cyberbulling, crear un huerto urbano o gestionar tus emociones. Orientaciones para decorar reciclando, cocinar para eventos o mantener entretenido a tu hijo, etc.

Guías prácticas dirigidas a todas aquellas actividades que no son trabajo ni tareas domésticas esenciales. Juegos, viajes, en definitiva, hobbies que nos hacen disfrutar de nuestro tiempo libre.

Guías para aprender o perfeccionar nuestra técnica en deportes o actividades físicas escritas por los mejores profesionales de la forma más instructiva y sencilla posible.

EDITATUM

Libros para crecer

www.editatum.com